Wenn in Wäldern Baum an Bäumen,
Bruder sich mit Bruder nähret,
sei das Wandern, sei das Träumen
unverwehrt und ungestöret;
Doch, wo einzelne Gesellen
zierlich miteinander streben,
sich zum schönen Ganzen stellen,
das ist Freude, das ist Leben.

Aus: Wilhelm Tischbeins Idyllen, Vers 4

Johann Wolfgang Goethe (1749-1832)

Edwin Bude

Was flüstern die Elfen?

Ich widme dieses Buch meinen Enkelinnen

Josefine und Elisabeth

und segne alle Menschen, die darin lesen

Sollte diese Publikation Links auf Webseiten Dritter enthalten, so übernehmen wir für deren Inhalt keine Haftung, da wir uns diese nicht zu eigen machen, sondern lediglich auf deren Stand zum Zeitpunkt der Erstveröffentlichung verweisen.

Impressum

	1. Auflage 2020
Text:	© Copyright by Edwin Bude
Umschlag/Layout:	Volker Lesch Media
	www.alpenland-fotografie.de
Korrektur:	Christine Miller
Verlag:	AlphaDL-BIT GmbH
	Würmtalstr. 43a
	81375 München
	E-Mail: waldfreund@edwin-bude.de
	https://edwin-bude.simdif.com
Druck:	epubli - ein Service der neopubli GmbH, Berlin

Inhalt

Vorwort vom Sebastian Viellechner (der „Kräuterwastl") 5

Einleitung 7

Ökosystem Wald 10

Kommunikation der Bäume 11

Photosynthese 11

Baumharz. 13

Rezept Harzsalbe 15

Duftstoffe 18

Terpene - Was ist das? 19

Gesundheitliche Wirkung des Holzes 22

Inhaltsstoffen der Bäume und Pflanzen 23

Sekundäre Pflanzenstoffe, Wirkung und Vorkommen 24

Naturbeobachtung 26

Naturgeister 26

Das Alter der Bäume 33

Der Mensch als verkehrte Pflanze 34

Frühling 36

Der Bär 36

Bärlauch 38

Löwenzahn 41

Gänseblümchen 42

Huflattich	44
Schlüsselblume (Himmelschlüssel)	45
Birke	47
Brennnessel	51
Regenbogen	53
Märchen	56
Märchen Frau Holle	58
Der Apfel	60
Hasel und Aschenputtel	66
Ahnen	68
Ostern	72
Esche – der Weltenbaum	73
Sommer	78
Keltischer Jahreskreis.	79
Johanniskraut.	80
Schafgarbe	83
Spitzwegerich	84
Rot-Buche	89
Hainbuche	91
Kiefer	95
Wasser	98
Wassergeister	103
Weide	105

- Erntezeit 107
  - Walderdbeere 108
  - Heidelbeere 109
  - Preiselbeere 110
  - Brombeere 111
  - Himbeere 112
  - Heckenrose / Hagebutte 113
  - Die Biene 114
  - Waldboden 115
  - Steinpilz 117
- Herbst 118
  - Fliegenpilz 119
  - Rotrandiger Baumschwamm 122
  - Reh 123
  - Hirsch 123
  - Lärche 125
  - Eiche 126
  - Schwein 130
  - Walnuss 131
- Winter 133
  - Eichelhäher 135
  - Eichhörnchen 136
  - Misteln 137

Efeu 138

Tanne 139

Fichte 140

    Räuchern und vergraben, ein uralter Brauch 142

    Wintersonnwende und Rauhnächte 147

Nachwort 148

Keltischer Baumkreis 152

Sammeln und Verwendung der Pflanzen 154

Service 160

Eigenen Notizen 164

Vorwort vom Sebastian Viellechner (der „Kräuterwastl")

Begegnungen im Leben sind für mich keine Zufälle und oftmals gelungene Geschenke. Ein Zusammenkommen mit Menschen an bestimmten Orten kann von großer anhaltender Bedeutung sein. Als ich einmal zu einem Interview gebeten wurde, steigerte sich schon im Vorfeld, Neugierde und eine gewisse Spannung lebte auf. Die Aufzeichnung des Gesprochenen und Gezeigten, die Dokumentation der Bilder ist für das Gelingen sehr wichtig. Ja und da stand ein großer, schlanker Mann vor mir, der die Aufnahmen und die Aufnahmeleitung gestaltete. Ich war von seinem Auftritt angetan, weil er Harmonie ausstrahlte und dies auch wirksam umsetzte. Edwin Bude, der Kameramann mit dem Blick für alle wertvollen Details. Seine Augen ließen eine Nähe herstellen und zeigten mir einen sensiblen Mitgestalter. Zufriedenstellender Erfolg war das Ergebnis.

Gespräche mit „Buddy", so sein Kosename, waren geprägt von seinem Wissen, seinem Einfühlungsvermögen und seiner seelischen Größe. So etwas ist für mich sehr angenehm. Gemeinsamkeiten zu entdecken, Wertvolles zu schätzen und ein korrektes Handeln im Sinne der Natur wurde zu unserem Bindeglied. Der tiefe Sinn der gestellten Fragen ließen seine seelische und mentale Größe erkennen. Herzensbildung wird gezeigt und so erstrahlt sie auch in seinen Werken. Bildungsbestreben, vielfältiges Wissen , Gewandtheit in der Formulierung spiegeln sein Gestaltungsvermögen wider.

Als Autor ist er ein Umsetzer, ein Übersetzer von Natur, von der Sprache der Natur und deren Botschaft geworden.

Als Waldarbeiter, Holzknecht und Kräuterkenner kann ich mich mit Buddy ergänzend austauschen. Wir freuen uns jedes Mal über die Vielzahl der Gemeinsamkeiten.

Der Wald, unserer Erkenntnisschatz führt uns zu einem wertvollen Naturvertrauen.

Der Wald, die gesamte Pflanzenwelt mit seinen Wesen und Geheimnissen werden zu einer Faszination. In die Natur eingebunden zu sein bedeuten Glück und Harmonie!

Buddys Sichtweise, das Erlebte mit dem immensen Wissen unserer Vorfahren zu vereinen geschieht in seinem Buch.

Den Leser mitreißen, begeistern und zum schützenden Handeln aufzurufen steht in und zwischen den Zeilen. Ich danke dem Autor für dieses aktive menschliche Handeln, mit Worten und Buchstaben dem Leser Achtenswertes aufzuzeigen. Die Seele wird zu einem Mitleser! Hut ab!

da Kräuterwastl

Sebastian Viellechner

Sebastian Viellechner   Edwin Bude

Einleitung

Hatte ich Sorgen oder Probleme, riet mir meine Mutter: „Geh in den Wald, das ist gesund und du kommst auf andere Gedanken".

Uraltes Wissen unserer Eltern und Großeltern. Überliefert über tausende von Jahren von unseren Urahnen. Ohne wissenschaftliche Beweise. Warum? Weil die Menschen eine andere Beziehung zum Wald und zur Natur hatten.

Die Germanen, Kelten, Slawen, Balten, Indianer und die vielen anderen alten Völker beobachteten die Natur und zogen daraus ihre Schlüsse. Das war lebens- und überlebenswichtig, da sie auf die Ernte und auf die Informationen der Pflanzen und Tiere angewiesen waren. Sie hatten andere Befähigungen und eine gewisse Spiritualität. Sie konnten mit der Natur kommunizieren. Sie sahen und spürten die Naturgeister. Die Elfen, die Nymphen, die Feen, die Zwerge und Kobolde. Sie waren Eins mit der Natur und vollkommen mit ihr verbunden.

Paracelsus sagte: „Der liebe Gott hat zwei Bücher geschrieben. Die Bibel für die Christen und die Natur für die Heiden".

Mittlerweile sind wir an einem Punkt angekommen, wo es heißt: „Hier ist der Mensch und das andere ist die Natur". Mit großem Tempo haben wir uns seit der Zeit der Aufklärung immer weiter von der Natur entfernt, abgesondert[1] und jetzt im digitalen Computerzeitalter das alte Wissen um die Natur verloren. Doch wer kann uns dieses Wissen wieder zurückgeben? Wer kann es uns sagen? Eine App?

Der Ethnobotaniker, Völkerkundler und Buchautor Prof. Wolf-Dieter Storl verbrachte lange Zeit bei den Cheyenne Indianern[2]. Er lud seinen indianischen Freund, einen Medizinmann und Schamanen, nach Europa ein. Sie gingen in den Tiroler Bergen spazieren und der Indianer sagte nichts. Storl aber merkte, dass er mit seinem ganzen Bewusstsein präsent war. Er sah jeden Vogel. Er sah einen Adler. Einen Hirsch, eine Gämse. Er sah die Flüsse, die Felsen, die alten Bäume, Pflanzen und Steine. Er war „voll bewusst", wie man heute sagt, und vollkommen leer im Kopf. So konnte der Indianer alles in sich aufnehmen. Am Abend sagte der Indianer: „Schönes Land. Weißt du, ihr habt überhaupt nichts verloren. Ihr habt gar nichts verloren. Ihr habt Bäume, ihr habt Pflanzen, ihr habt Berge, ihr habt Schluchten, ihr habt Hirsche, ihr habt Adler, ihr habt Wildtiere. Fragt sie. Die können euch alles sagen".

Auch der deutsche Dichter Friedrich Schiller ist dieser Meinung.

---

[1] Das Wort „Sünde" kommt von „abgesondert sein"

[2] Die korrekte Bezeichnung für die Indianer lautet inzwischen „First Nation". Zum besseren Verständnis bleibe ich aber in diesem Buch bei dem Begriff „Indianer", zumal jeder weiß, dass ich die größte Hochachtung vor diesem Volk habe.

"Suchst du das Höchste, das Größte?
Die Pflanze kann es dich lehren.
Was sie willenlos ist,
sei du wollend – das ist's"

Die Natur kann uns alles sagen, doch dazu müssen wir bereit sein. Wir müssen es wollen, denn die Natur lügt uns nicht an. Wenn wir eine Aussage bekräftigen wollen, sagen wir da nicht: „Natürlich stimmt das"?

Mit der Erkenntnis des Dichters und dem Bewusstsein des Indianers mit seiner großen Achtsamkeit gegenüber allen Pflanzen und Tieren und einer gewissen Leere im Kopf lade ich Euch zu einem langsamen und besinnlichen Waldspaziergang ein. Ich habe ihn gemacht, und ich war erstaunt, was mir die Natur und die Elfen alles zuflüsterten. Sie erzählten mir Geschichten über Bäume, Pflanzen, Tiere, alte Weisheiten und wie gesund es ist, sich im Wald aufzuhalten

Ökosystem Wald

Bevor wir mit unserem Waldspaziergang starten, schauen wir uns das Ökosystem Wald mal genauer an und beginnen mit einer kuriosen Entdeckung. Wenn ich Euch vor 20 Jahren gesagt hätte, dass sich die Bäume unterhalten, dann hättet Ihr gesagt: „Der spinnt doch!". Heute weiß die Wissenschaft, dass es wirklich so ist.

In der Savanne beobachtete man, wie Giraffen Blätter einer Akazie fraßen. Doch schon nach einigen abgezupften Blättern gingen sie zu einer anderen Akazie. Aber nicht zum unmittelbar danebenstehenden Baum, sondern ca. 100 Meter weiter. Dort fraßen sie auch ein paar Blätter und gingen wieder 100 Meter zum nächsten Baum. Nun wollten Wissenschaftler wissen, warum machen die Giraffen das?

Sie untersuchten die Blätter und stellten im Labor fest, dass, nachdem die Giraffen die ersten Blätter gefressen hatten, die anderen Blätter einen giftigen Bitterstoff enthielten. Da diese Blätter für die Giraffen tödlich sein können, beendeten sie an diesem Baum ihre Nahrungsaufnahme. Weiter untersuchte man die Blätter der nebenstehenden Bäume und auch diese enthielten den giftigen Bitterstoff. Erst ca. 100 Meter weiter waren die Blätter wieder ohne Giftstoffe.

Die Wissenschaftler hatten nur eine Erklärung. Die Bäume müssen kommunizieren.

Kommunikation der Bäume

Aber die Bäume unterhalten sich nicht wie wir Menschen. Wir geben unsere Informationen über Schallwellen (Sprache) oder in Schreibform (Brief, Zeitung, SMS) weiter. Die Bäume dagegen machen das auf biochemische Art und – das zeigen neueste Forschungen der Uni Zürich - sogar über elektrische Impulse. Aber fangen wir von vorne an.

Photosynthese

In der Schule haben wir gelernt, der Baum hat einen Stamm, oben ist die Baumkrone und in der Erde sind die Wurzeln. Die Blätter nehmen Wasser (H_2O) aus dem Boden und Kohlendioxid (CO_2) aus der Luft auf und bilden mit Hilfe von Strahlenenergie (Sonne) und Blattgrün (Chlorophyll) Kohlenhydrate und freien Sauerstoff:

$6\,CO_2 + 6\,H_2O = C_6H_{12}O_6 + 6\,O_2$
(Grundgleichung der Photosynthese)

Aus diesen Kohlehydraten werden sowohl „Baustoffe" als auch „Betriebsstoffe" gebildet, und der freie Sauerstoff wird in die Umwelt abgegeben. Deshalb haben wir im dichten Wald, die beste Luft, mit viel Sauerstoff. Und dann haben uns die Lehrer erklärt, dass die Bäume über die Wurzeln Nährstoffe und Wasser erhalten, damit sie wachsen. Als Kind dachte ich immer, der Baum frisst Erde. Da muss doch ein Loch neben jeden Baum entstehen. Das muss ja riesig viel an Nährstoffen sein. In Wirklichkeit sind es nur 0,5 % der Nährstoffe, die aus der Erde kommen. Der Baum besteht also zum großen Teil aus „Luft und Wasser" und ist dennoch so hart. Wenn wir mit dem Auto dagegen fahren, ist das Auto kaputt. Dem Baum aber fehlt, außer einer beschädigten Rinde, wenn überhaupt, nicht viel.

In einen Teelöffel voller Walderde, befinden sich ca. 4 Millionen Bakterien und ca. 1 Million Viren. Das ist aber noch nicht alles. Da sind noch winzig kleine, nur unter einem starken Mikroskop sichtbare, Pilzfäden, welche die Botaniker „Hyphen" nennen. Diese sind rund zwei Kilometer lang und mit den Wurzelspitzen der Pflanzen verbunden. Das heißt, der ganze Waldboden ist durchzogen von diesen Fäden. Der Förster und Buchautor Peter Wohlleben[3] spricht dabei vom „Wood-Wide-Web".

Doch kommen wir zurück zu den Viren und Bakterien. Sie lieben Zucker. Das sind wahre Zucker-Junkies. Der Baum wandelt also das CO_2 nicht nur in Kohlenstoff und Sauerstoff um, sondern auch in Zucker. Diesen Zucker schickt er in die Erde zu den Viren und Bakterien. Weil es in der Natur immer ein Geben und Nehmen gibt, produzieren die Viren und Bakterien nun die Nährstoffe (Eisen Zink, Mangan, noch mehr Zucker usw.), die der Baum zum Wachsen benötigt. Aber, wie gesagt, dass ist nur knapp ein halbes Prozent.

Jetzt bleiben wir bei dem Beispiel, dass ein Auto die Baumrinde (vergleichbar mit unserer Haut) beschädigt hat, und zwar so stark, dass das Kambium (vergleichbar mit unseren Knochen), zu sehen ist. Das ist eine schwere Verletzung. Wenn jetzt der Borkenkäfer kommt, sich in das Kambium bohrt und seine Eier ablegt, dann wird der Baum

---

[3] Buch: Das geheime Leben der Bäume, Ludwig Verlag

von Innen aufgefressen, und stirbt langsam ab. Was macht nun der Baum?

Er sendet, im biochemischen Prozess, über die Pilzfäden, sofort zu seinen „Zucker-Junkies" in der Erde eine Nachricht: „Hallo Freunde, ich habe eine Verletzung. Ich brauche jetzt keine Nährstoffe mehr zum Wachsen, ich brauche nun Reparaturmittel, um meine Verletzung zu behandeln".

Genau so haben es auch die Akazien gemacht. Sie funkten über die Pilzfäden die Nachricht: „Hallo, meine Blätter werden gefressen und wenn die Giraffen mit ihren langen Hälsen weiter fressen, kann ich keine Photosynthese mehr machen und muss sterben. Schickt mir Bitterstoffe in die Blätter und informiert auch die anderen Bäume."

Sofort wird nun Reparaturmittel produziert und die anderen Bäume werden über die Pilzfäden und über Duftstoffe, die der Baum von sich gibt, informiert.

Baumharz.

Einer dieser Reparaturstoffe ist das Harz. Genau, an der Stelle, wo der Baum seine Verletzung hat, bildet sich nach und nach Harz, um die Wunde zu verschließen. Doch das funktioniert in letzter Zeit immer weniger. Durch den Klimawandel wird es in unserem Breiten immer schwieriger. Es ist zu warm und es fehlt an Wasser, welches die flachwurzelnden Nadelbäume zur Produktion von Harz benötigen. So ist ein Baumsterben, verursacht durch den Borkenkäfer, aktuell im Altvatergebirge oder im Bayerischen Wald zu erkennen.

Prof. Maximilian Moser von der Universität in Graz hat festgestellt, dass im Harz über 700 unterschiedliche gesundheitsfördernde Stoffe enthalten sind. Daraus machten unsere Vorfahren - ich kann mich erinnern, auch mein Großvater - eine Harzsalbe, die auch „Pechsalbe" genannt wird.

Es gibt „Nichts, Nichts, Nichts", wie der ehemalige österreichische Förster und Buchautor Erwin Thoma sagt, „was antibakterieller und pilztötender ist, als eine Harzsalbe. Da können Sie alle Salben in der Apotheke vergessen".[4]

Auch ich mache mir jedes Jahr eine Harzsalbe und habe damit die besten Erfahrungen gemacht.

---

[4] Quelle: https://www.youtube.com/watch?v=698YK8BbFL4 – 2:18 Minute

Das ganze Jahr über ernte ich bei meinen Berg- und Waldtouren Harz von der Fichte, der Kiefer und der Lärche. Mit einer stabilen Holzspachtel löse ich das Harz vom Baum ab und gebe es in eine Papiertüte. Dabei passe ich gut auf, dass ich nur das Harz abkratze, das der Baum für seine Wundversorgung nicht benötigt. Das frische, noch tropfende Harz ist sehr klebrig und nur schwer von den Fingern zu bekommen. Das beste Lösungsmittel hierfür ist Fett. Ich habe deshalb immer ein kleines Fläschchen Olivenöl dabei. Dann, zur Wintersonnwende, bei zunehmendem Mond stelle ich die Salbe her. Dabei halte ich mich annähernd an das Rezept von Erwin Thoma, welches er in seinem Buch „Die sanfte Heilkraft der Natur", was ich jedem nur empfehlen kann, beschrieben hat.

Übrigens, der Bernstein ist nichts anderes als an die 45 Millionen Jahre altes, gepresstes Harz.

Rezept Harzsalbe

60 Gramm Harz von Fichte und Lärche (ich nehme auch etwas von der Kiefer)

200 Gramm Olivenöl (Bio natürlich)

40 Gramm Bio-Bienenwachs.

Das Harz lege ich in ein Glas, gieße das Olivenöl darüber und stelle es in ein heißes Wasserbad, bis sich das Harz auflöst und flüssig wird. Nach einiger Zeit entferne ich mit einem Holzstäbchen (es geht auch ein Zahnstocher; aber bitte immer aus Holz) die nicht aufgelösten Teile. Anschließend seihe ich den Inhalt in ein zweites Glas ab und stelle es ebenfalls in das Wasserbad. Jetzt rühre ich im Uhrzeigersinn, mit guten Gedanken (siehe Kapitel Wasser) und dem Wunsch, dass diese Salbe jeden helfen soll, der sie anwendet, die Bienenwachsplättchen ein. Je mehr Bienenwachs ich nehme, je härter wird die Salbe. Hat sich das Bienenwachs aufgelöst, gieße ich die Flüssigkeit in kleine Gläser (kein Plastik) ab.

Braucht nun jemand meiner Freunde eine Salbe, so habe ich das ganze Jahr über einen Vorrat. Vielen Leuten hat sie schon geholfen. Auch mein Sohn Andi ist nun von der heilenden Wirkung überzeugt. Bei Hautirritationen, wo der Dermatologe meist nur Kortison als Lösung anbietet, ist die Salbe eine hilfreiche Alternative. Inzwischen fragen mich Leute, ob ich ihnen die Salbe verkaufe. Doch ich verkaufe keine Heilmittel. Deshalb habe ich hier aufgeschrieben, wie ich die Harzsalbe herstelle. Von denjenigen, denen ich sie schenke, genügt mir ein aufrichtiges „Danke".

Ich bin derselben Meinung wie der Kräuterwastl, dass alles was mit Liebe, guten Gedanken und mit den eigenen Händen hergestellt wird, einen wesentlich höheren Wert hat, als Produkte, die von Maschinen produziert wurden und denen stundenlange gewinnorientierte „Meetings" vorausgegangen sind. Zu guter Letzt wird das Produkt noch über den Barcodeleser geschoben und überteuert verkauft. Wie soll so ein Produkt denn heilen? Da erinnere ich mich an meine Oma. Hatte ich mich verletzt und begann vor Schmerz zu weinen, nahm sie mich in den Arm, streichelte die schmerzende Stelle und pustete auf die Wunde. Dazu sagte sie: „So Edwinlein, jetzt fliegt das „Aua" aus dem Fenster". So leicht kann der Schmerz vergehen, wenn Liebe und Zuneigung im Spiel sind. Bei einer blutenden Wunde legte mir Oma immer Spitzwegerich Blätter auf (siehe Kapitel: Spitzwegerich).

Doch nun wieder zurück zum Harz.

Janis aus Griechenland erzählte mir, dass der berühmte griechische Retsina-Wein ein Harz-Wein ist. Schon der Name deutet darauf hin. „Ritini" auf Griechisch bedeutet Harz. Der Retsina-Wein wurde vor vielen hunderten Jahren durch Zufall erfunden. In zwei offene Fässer wurde Wein abgefüllt. In einem Fass war der Wein nach ein paar Wochen wie Essig und ungenießbar. Der Wein im zweiten Fass war in Ordnung, schmeckte aber leicht nach Harz. Das kam daher, dass das Fass unter einen Baum stand und Harz in das Weinfass tropfte. Daran sehen wir, wie antibakteriell und pilztötend dieses Harz ist. Es ist ein natürliches Konservierungsmittel.

Hans Pupa, ein Waldarbeiter aus dem Altvatergebirge im heutigen Tschechien, sagte mir, dass sie Harz als Kaugummi verwendeten. Harz ist gesund für das Zahnfleisch und desinfiziert den Mund. Zahnpasta hatten sie nach dem 2. Weltkrieg nicht. In dieser armen Zeit hatten sie auch wenig zum Essen und sie haben sogar Käfer, wie den Borkenkäfer, verzehrt. Heute bieten sogenannte „Inlokale" als Hauptgericht gegrillte Käfer und andere Insekten, wegen der zahlreichen Proteinen, an.

Wie wir bereits wissen, bohren sich diese kleinen Käfer in die verletzte Stelle des Baumes und wollen im Kambium ihre Eier

ablegen. Wenn das gelingt, wird der Baum von innen her aufgefressen und stirbt. Unter der Rinde des Baumes entstehen dann richtige „Straßen".

Wir kommen noch zu einem weiteren Kommunikationsmittel der Bäume. Sie informieren sich auch untereinander mit Hilfe von Duftstoffen und Terpenen.

Duftstoffe

Über Duftstoffe, die aus der Rinde treten, informiert der Baum die Fressfeinde der Borkenkäfer. „Hallo, ihr Spechte und Kleiber, die gerne Borkenkäfer fressen, kommt zu mir. Da gibt es fette Beute". Und so lockt er die Vögel an, die dann die Borkenkäfer fressen. Großartig, nicht wahr? Das machen alle Bäume auf ihre Art. Sie haben sich ihr eigenes Immunsystem geschaffen.

Die Weide zum Beispiel hat in ihrer Rinde u.a. Salizylsäure, um Schädlinge zu bekämpfen. Das ist nichts anderes als der Inhaltstoff des Aspirins. Der jüdische Arzt Arthur Eichengrün entdeckte den Wirkstoff auch in der Wildpflanze, Mädesüß. Ein großes Pharmaunternehmen ließ sich diese Entdeckung schnell patentieren und heute kauft man sich Tabletten und Brause gegen Kopf- und anderen Schmerzen. Nur nebenbei, der jüdische Arzt hat davon nicht profitiert. Der Gewinn blieb beim Großkonzern.

Terpene - Was ist das?

Der studierte Biologe, Pflanzenwissenschaftler und Buchautor, Clemens G. Arvay beschäftigt sich zusammen mit weiteren führenden Wissenschaftlern seit langem mit der gesundheitsfördernden Wechselwirkung zwischen den Menschen und der Natur. Durch die Verdunstung im Wald endstehen winzig kleine Wasser Tröpfchen (negativ geladene Ionen), die mit den Duftstoffen und vielen sekundären Pflanzenstoffen angereichert sind.

In Fachkreisen werden sie Terpene genannt. Sie gehören zu den sekundären Pflanzenstoffen und kommunizieren eben auch mit uns Menschen bzw. mit unseren Organen. Führend in diesem Wissen sind die Japaner. Ein internationaler Pionier der Waldmedizin ist Professor Qing Li von der Medical School in Tokio. Er forscht schon seit langem über die gesundheitsfördernde Therapie des Shinrin Yoku, des „Waldbadens", also der Aufenthalt im Wald, der bei Stress, Burn-Out und bei anderen Krankheiten angewandt wird. Inzwischen gibt es eine Menge Literatur darüber. Sogar der Blick aus einem Krankenhauszimmer auf einen Baum aktiviert unsere Selbstheilungskräfte und beschleunigt die Genesung.[5] Forschungsergebnisse bestätigen, dass ein

---

[5] Buch „Biophilia in der Stadt" von Clemens G. Arvay, Seite 235

Aufenthalt von nur zwei Stunden im Wald die Immunkräfte verdoppeln. Da Forscher und Wissenschaftler immer Beweise wollen, schickte man eine Gruppe Menschen zu einem Spaziergang in die Stadt und die andere Gruppe in den Wald. Dabei überprüfte man den Gesundheitszustand der Gruppen. Bei der Gruppe, die in der Stadt war, änderte sich nichts. Es wurden eher schlechtere Ergebnisse gemessen. Bei der Gruppe im Wald waren schon nach 30 Minuten bessere Werte zu beobachten. Der Blutdruck ging runter. Die Anzahl der Herzschläge verringerte sich. Das Immunsystem wurde hochgefahren, und sogar die Killerzellen, auch die gegen Krebs, vermehrten sich deutlich. Anschließend tauschte man die beiden Gruppen aus und man kam exakt auf die gleichen Ergebnisse. Dann kam noch eine zweite Erkenntnis hinzu. Die positiven Effekte auf die Gesundheit, bei einem zwei stündigen Aufenthalt im Wald, hielten eine Woche an. In Japan wird die Waldmedizin staatlich gefördert. In Deutschland sind wir leider noch nicht so weit! Unsere Vorfahren wussten es schon lange, konnten es aber nicht beweisen. Ausführlich nachgewiesen ist der gesundheitliche Effekt des Waldbadens in den Büchern „Biophilia in der Stadt" und „Der Heilungscode der Natur" von Clemens G. Arvay, die ich jeden interessierten Leser ans Herz lege. (siehe Buchende)

Hans Pupa aus dem Altvatergebirge in Tschechien war über 40 Jahre Waldarbeiter und erzählte mir, dass er keinen Kollegen kenne, der jemals ernsthaft krank war. „Verletzt, durch Äste oder Werkzeuge ja, aber krank? „Wäs ich jetzt keenen", wie er in seinem schlesischen Dialekt sagte. Auch jetzt in seiner „Rentnerzeit" geht er jeden Tag, bei Wind und Wetter, in seinen Wald.

Übrigens: wenn ich Leute im Wald sehe, die einen Baum umarmen, lache ich nicht mehr. Sie sind mit ihrem Gesicht dann so nahe an der Rinde, dass sie die gesunden Duftmoleküle, die auch im Waldboden vorhanden sind, intensiv aufnehmen können.

Ein intensives Aufnehmen der Terpene, findet im Wald nach einem starken Regen, in der Nähe von Wasser oder besser noch an Wasserfällen statt. Sogar Asthma wurde schon mit den Terpenen an Wasserfällen gelindert.

Gesundheitliche Wirkung des Holzes

Die gesundheitsfördernde Wirkung des Harzes haben wir bereits erwähnt. Doch Holz (besonders Fichte, Zirbe, Kiefer, Lärche) hat auch eine ganz besondere positive Auswirkung auf unser vegetatives Nervensystem. Es verhilft zu mehr Konzentration und zu einem erholsamen und entspannten Schlaf. Ein Mensch, der sein Schlafzimmer mit (Fichten-, Lärchen-) Holz verkleidet, spart sich im Schlaf 3.500 Herzschläge und verlängert so sein Leben um einige Jahre.

Ein weiterer positiver Effekt des Holzes ist seine antibakterielle Wirkung. In den sechziger Jahren kamen die Tupper-Partys in Mode und man machte uns klar, dass Plastik hygienischer sei als Holz. Die lange Tradition unserer Vorfahren, dass alle Lebensmittel auf Holz geschnitten oder aufbewahrt wurden, ging zu Ende.

In der Dissertation von Annett Milling (2004) ist ein erstaunlicher Test beschrieben. Sie spritzte Grippevieren auf Plastik, Glas, Keramik (also Fliesen) und Holz. Nach zwei Stunden war ein Rückgang um 25% der Bakterien und Keime beim Holz zu erkennen, während bei Glas, Keramik und Kunststoff die Anzahl immer noch gleich hoch war. Nach 24 Stunden waren auf Holz bereits 85% aller Keime verschwunden, nach 48 Stunden waren keine Keime und Bakterien mehr zu erkennen. Glas benötigt ca. 100 Stunden und Kunststoff 200 Stunden. Am schlechtesten schnitten die Fliesen ab. Gerade in den Fugen fühlen sich die Bakterien besonders wohl.

In einem weiteren Experiment reinigte man nun die Gegenstände mit krankenhausüblichen Desinfektionsmitteln und sprühte anschließend die Bakterien drauf. Auch bei diesem Versuch kam man zu dem gleichen Resultat. Also, Holzbretter sind wesentlich hygienischer als Plastik, auch wenn uns die Werbeindustrie etwas anderes erzählen will.

Auch ein Holzboden ist demzufolge wesentlich hygienischer und gesünder als ein Teppichboden[6], PVC oder Laminat. Laminat besteht aus Plastik und imitiert nur einen Holzboden. Es gibt mehrere Hinweise und Studien die belegen, dass gerade Kinder sehr empfindlich auf diese chemischen Stoffe reagieren. Sogar Asthma soll man davon bekommen können. Weil wir gerade bei den Kindern sind, so empfehle ich den Eltern wieder mehr Spielzeug aus Holz zu kaufen.

Inhaltsstoffen der Bäume und Pflanzen
Jede Pflanze hat primäre und sekundäre Pflanzenstoffe. Die primären Pflanzenstoffe braucht die Pflanze zum Leben. Es sind Fette, Eiweiße, Kohlehydrate (Stärke) und Zucker.

Die sekundären Pflanzenstoffe dienen der Pflanze zum Überleben. Da gibt es Tausende von Stoffen, die teilweise noch gar nicht erforscht wurden. Bekannte und wichtige sekundäre Pflanzenstoffe sind Ätherische Öle, Glykoside, Terpene, Flavonoide, Bitter-, Duft-, Gerb-, und Schleimstoffe und Vitamine. Genau diese Stoffe sind es, die nicht nur für die Pflanze, sondern auch für uns Menschen überlebenswichtig und gesundheitsfördernd sind. Einige Heilwirkungen der Pflanzen, die ich in diesem Buch erwähne, möchte ich hier kurz zusammenstellen:

---

[6] Ausnahme: Teppich aus reiner Wolle

Sekundäre Pflanzenstoffe, Wirkung und Vorkommen

Ätherische Öle	antibakteriell, schleimlösend, entzündungshemmend	Nadelbäume, Schafgarbe,
Bitterstoffe	appetitanregend, verdauungsfördernd, immunstärkend,	junge Blätter von Linde, Birke und Buche, Bärlauch, Löwenzahn,
Gerbstoffe	stopfend, zusammenziehend, entzündungshemmend, antibakteriell, wundheilend	Eichenrinde, Schafgarbe, Heidelbeere,
Flavonoide	keimhemmend, antibakteriell, entgiftend, entzündungshemmend, stimmungsaufhellend	Birke, Linde, Johanniskraut,
Schleimstoffe	hustenlindernd, entzündungshemmend, immunstimulierend, entgiftend	Huflattich, Spitzwegerich, Apfel, Linde

Diese aufgelisteten Inhaltsstoffe sind nur eine kleine Auswahl. Viele sind noch gar nicht gefunden oder ihre Wirkung ist noch nicht in Doppelblind-Studien wissenschaftlich belegt. Amerikanische Pharmakonzerne ködern indianische Schamanen mit viel Geld, dass diese ihr Wissen um die heilende Wirkung der Pflanzen an sie weitergeben. Doch, „was uns hilft, ist der Geist der Pflanze, nicht irgendwelche chemischen Bestandteile", wie der Medizinmann Tallbull sagt.[7] Für Tallbull ist es wichtig, beim Sammeln von Heilkräutern, sich beim Geist der Pflanze zu bedanken und ein Opfer zu hinterlassen. Bei den Indianern war es meist etwas Tabak. Bei den Indogermanen Bier oder Met. Auch eine kupferne Münze wurde gerne gegeben. Verboten war es, Pflanzen mit Eisen- oder anderen Metallwerkzeugen abzuschneiden bzw. auszugraben. Es wurden Holzstäbe, Stöcke, Tierknochen oder Hirschhorn verwendet. Die gesammelten Kräuter durften niemals in Metallbehälter, sondern nur in Glas, Holz oder Porzellan angesetzt oder aufbewahrt werden. Eisen vertreibt die Geister, das wussten schon die keltisch-walisischen Vorfahren und auch der Entdecker der Blütenessenzen, Dr. Edward Bach, war dieser Meinung. Zum Schutz vor Geistern, Hexen, Dämonen und Teufeln, wird noch heute ein Hufeisen an die Haustüre gehängt.

---

[7] Buch: Pflanzendevas von Wolf-Dieter Storl, Seite 168

Naturbeobachtung

Naturbeobachtungen machten in grauer Vorzeit vor allem die „weisen" Frauen, die sich um die Gesundheit und das Wohl der Sippe kümmerten. Seit der Steinzeit war die Ernährung, das Heilen und die Krankenpflege eine weibliche Domäne. Die Frauen hatten den höchsten Stellenwert, und bei der Ahnenbestimmung waren sie diejenigen, die exakt zugeordnet werden konnten. Denn, die Mutter war eindeutig und nur sie kann Leben schenken.

So ist es praktisch selbsterklärend, dass die Urvölker an erster Stelle eine Göttin hatten. Bei der Autobahneinfahrt in Kufstein-Süd Richtung Innsbruck, stand lange Zeit ein großes Plakat mit der Aufschrift: „Grüß Göttin". Ich habe diese Aufschrift immer belächelt, doch heute weiß ich, ganz verkehrt ist es nicht. Bei den Normannen war die Erdgöttin Freya, bei den Griechen Gaia. Die Germanen hatten die Göttin Holda, die „Frau Holle". Fast Jeder kennt das Märchen von der „Frau Holle". Dazu später mehr.

Naturgeister

Geister spielten bei allen Naturvölkern eine große Rolle. Sie sahen und spürten die guten und schlechten Energien des Geistes. Nach wissenschaftlichen Erkenntnissen sehen wir Menschen heute nur 9 % des Lichtes. Kann es sein, dass unsere Vorfahren vor 10.000 Jahren und noch früher mehr sahen? So unwahrscheinlich ist das nicht. Schon jetzt beobachten Wissenschaftler und Ärzte ein weiteres

Abnehmen unserer Sehkraft. In Peking sind mehr als 80% der Teenager kurzsichtig.[8] Verursacht u.a. durch den hohen Blauanteil und die kurze Distanz beim Gebrauch von Handy, Tablet oder Computer. Dem Auge fehlt das ausgleichende Indie-Ferne-Sehen. Deshalb ist es so wichtig, hinaus in die Natur zu gehen und in die Ferne zu blicken. Ein Blick auf einen entfernten Baum, einen Bussard in der Luft, einen Berggipfel oder aufs Meer: Das ist für mich „fernsehen" und das kann so spannend sein!

Doch bleiben wir bei den Energiefeldern und Schwingungen und sehen uns an, welche Geister unsere Urvölker kannten.

Da sind die Wassergeister, wie die Nixen, Undinen, Meerjungfrauen und Wassermänner, die in Pfützen, Tümpeln, Bächen und Seen vorkommen.

Luftgeister sind die Sylphen. Ihr Königreich ist in den Winden, Brisen, Böen und Luftwirbeln (siehe Bild) zu

---

[8] Süddeutsche Zeitung, Wissen, vom 29. Oktober 2019

finden. Sie waren für das Wetter machen zuständig. Ebenso der blitzwerfende Wettergott Donar. An seine Stelle trat dann der heilige Petrus. Es wird auch gesagt, dass die Luftgeister uns helfen, Ideen und Funken von Inspirationen in unseren Köpfen zu aktivieren. Waren es die Sylphen, die den tauben Ludwig von Beethoven halfen, als er seine 9. Symphonie, „Freude schöner Götterfunke", komponierte?

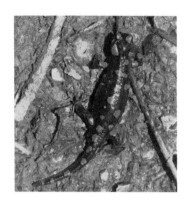

Zu den Feuergeistern gehören Salamander, Drachen und Lindwürmer. Sie gehören zu denen, die den Menschen Kraft, Energie und Intensität geben.

Gnome gehören zu den Elementarwesen der Erde und Kobolde zu den Hausgeistern. Welches Kind kennt nicht den „Pumuckl", den kleinen Kobold in der Werkstatt des Schreinermeisters Eder.

Rübezahl im Riesen- und König Laurin im Rosengartengebirge sind wohl die bekanntesten Berggeister, die in den Höhlen wohnen. In den Höhlen der Berge gibt es noch heute unerklärliche Begebenheiten. Der Heimatforscher und Buchautor Rainer Limpöck (Foto Seite 143), befasst sich seit Jahren mit der „Geisterwelt" am Untersberg in Berchtesgaden und erzählte mir folgende Geschichte.

Im Juni 2014 verunglückte der Höhlenforscher Johann Westhauser in der Riesendinghöhle im Untersberg. Nachdem er in der Höhle von einem herabfallenden Stein am Kopf getroffen wurde, verletzte er sich so stark, dass er aus eigener Kraft die Höhle nicht mehr verlassen konnte. Die Medien berichteten täglich, wie an die 800 Helfer den Höhlenforscher zu retten versuchten. Zum verletzen Höhlenforscher drangen nur wenige Retter vor. Darunter eine italienische Anästhesistin, eine Salzburger Höhlenretterin und ein tschechischer Höhlenretter. Nach elf Tagen hatten die Bergretter den verletzten Höhlenforscher gerettet und die Freude der Bevölkerung und vor allem der Retter war riesengroß. Ein Jahr später, am Geburtstag des geretteten Höhlenforschers, verstarb die italienische Anästhesistin bei einer Bergtour in Nepal, nachdem sie infolge eines Erdbebens von einem herabfallenden Stein am Kopf getroffen wurde. Wenige Monate später erlitt die Salzburger Bergretterin bei einer Höhlenkletterei, ebenfalls im Untersberg, das gleiche Schicksal. Auch sie wurde tödlich von einem herabstürzenden Stein am Kopf getroffen. Und auch der tschechische Bergretter wurde bei einer Bergtour von einem herabfallenden Stein am Kopf getroffen und verstarb.

An dem Tag, an dem mir Rainer Limpöck diese Geschichte erzählte, zeigte er mir noch andere mystische Stellen und Kraftorte in der Nähe des Untersbergs. So auch den Johannishögl, wo eine keltische Opferstelle vermutet wird. Dort trafen wir „zufällig", Karin, die Schwester der verstorbenen Salzburger Höhlenretterin, die mir diese Geschichte bestätigte. War das alles wirklich nur Zufall?

Im Wald wohnen die Erdgeister. Das sind Zwerge, Feen, und Elfen. Eben dieses Elfen waren es, die mir zuflüsterten, was ich alles in dieses Buch schreiben soll.

Die Waldgeister fördern die Entwicklung von Gesteinen und Mineralien, sind in magischen Künsten bewandert und können sich mittels einer Tarnkappe unsichtbar machen. Meist helfen sie den Menschen, wie wir in vielen Märchen nachlesen können. Aber sie können uns auch Böses antun. So gibt es Straßenkreuzungen oder Abschnitte auf Autobahnen, wo es immer wieder zu Unfällen kommt. Bis 2015 war Erla Stefánsdóttir[9] Elfenbeauftragte in Island. Sie hatte die Gabe, die Geister zu sehen und zu spüren. Bevor in Island eine Straße oder ein Gebäude gebaut wurde, musste sie ihr Einverständnis dazu geben. Verweigerte sie einen „Elfen Ort", so wurde außen herum gebaut.

Zeigt sich hier eine Elfe in der Wurzel?

---

[9] Quelle: https://de.wikipedia.org/wiki/Erla_Stefánsdóttir

In den vielen Märchen und Sagen bleiben uns die Geister und Zwerge in Erinnerung.

Mit etwas Fantasie entdecken wir bei jedem Waldbesuch die Rübezahls, Zwerge oder Feen und Elfen.

Ist das der Rübezahl?

Ein „Baumgeist" auf dem Weg von der Walch Alm (Berg Farrenpoint) zum oberen Wald-Parkplatz in Bad Feilnbach.

Das Alter der Bäume

Das Alter der Bäume lässt sich an den Jahresringen im Stamm erkennen. Doch wenn wir die Jahresringe zählen können, war es das für den Baum. Älter wird er nicht werden, denn er wurde ja gefällt.

Einen noch stehenden Baum können wir in einer Höhe von 1,5 m am Umfang schätzen. Jedes Jahr wird der Baum ungefähr 2,5 cm dicker. Hat der Baum einen Umfang von 2,5 m, so ist er etwa 100 Jahre alt. Als Formel gilt: Alter = Umfang in cm geteilt durch 2,5. Steht der Baum im dichten, schattigen Wald wächst der Umfang meist nur knapp über 1 cm pro Jahr.

Der Mensch als verkehrte Pflanze

Noch etwas Spannendes können wir in der Natur beobachten.

Oben, dem Sonnenlicht am nächsten, haben die Pflanzen ihr Fortpflanzungsorgan (Blüten) und Stoffwechselsystem. Beim Menschen dagegen befinden sich diese im unteren Körperbereich.

Die Photosynthese, die in den Blättern stattfindet, entspricht unseren Herz-Lungen-System. Die Pflanzen nehmen Kohlendioxid (CO_2) auf und geben Sauerstoff (O_2) ab. Wir atmen Sauerstoff ein und geben Kohlendioxid ab.

Die Wurzeln, mit den verbundenen Pilzfäden, lassen sich mit unserem Sinnes- und Nervensystem im Kopf

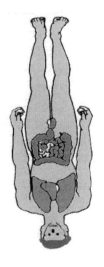

Fortpflanzungs-organ

Herz- Lungen System

Sinnes- Nerven System

Die Wurzel

In erster Linie waren die Frauen die Wurzelkundigen und die Wurzel ist mit das Heilkräftigste an der Pflanze. Die Wurzel, als Erstes der Pflanze, bohrt sich in die Erde, um einen festen Halt zu haben. Sie ist „verwurzelt"! Sie ist die Urform und „Ur" deutet fast immer auf die Anfänge hin. „Ursprung, Urwald, Ursache". Aus dem Ur oder Or steigt das Licht auf. Aus dem „Orient" steigt die Sonne auf. Wir „orientieren" uns. Der Anfang, also das Licht, ist der Wurzel zugeordnet, auch wenn diese sich im Erdboden befindet. In vielen Heilkräuternamen ist auch die Bezeichnung „Wurz" enthalten. Magenwurz, Engelwurz, Goldwurz (Schöllkraut) oder der uns allen bekannte Schnaps aus dem Bayrischen Wald, der „Bärwurz". Der „Waidler" aus dem Bayerischen Wald bezeichnet den Bärwurzschnaps (Bärwurz-Pflanze) als „seine Medizin". Doch, woher hat der Bärwurz seinen Namen? Genau, vom Bären, der bis vor ca. 200 Jahren noch in unseren Wäldern lebte.

Frühling

Der Bär

Bei unseren Vorfahren galt der Bär als ein Krafttier der Sonne. Nach dem Winterschlaf kommt er aus seiner Höhle, bricht die Macht des Winters und bringt neue Fruchtbarkeit. Der Bär, als Fruchtbarkeitstier und als potenter Gatte und Sohn der Erdmutter Frau Holle, ist noch heute in unserem Wortschatz enthalten. Ein Kind „gebären" oder die „Gebärmutter".

Die Pflanzen, welche die Bären als Erstes fressen, haben die Kraft der Erneuerung, Revitalisierung und Reinigung. Sie brechen das Verhärtete und erwärmen den Körper.

Warum der Bär für unseren Waldspaziergang so interessant ist, erklärt ein Sprichwort der Indianer. Da heißt es. „Wenn ein Blatt vom Baum fällt? Der Adler sieht es. Der Wolf hört es. Der Bär riecht es". Sie bezeichnen den Bären mit seinem ausgeprägten Riechorgan als den Kräuterkundigen. Mit seiner Nase riecht er, welche Pflanze für seine Ernährung und Gesundheit wichtig und richtig ist. Er muss zu alter Stärke kommen. Er muss „bärenstark" werden. „Gebärden" bedeutet „sich aufrichten" und ist Kraft vermittelnd sowie Macht einflößend. Er muss nach der „Winterruhe" die Leber reinigen, die Nieren durchspülen und sein Immunsystem hochfahren. Dazu braucht er Pflanzen, welche die notwendigen Inhaltsstoffe besitzen und zeitig im Frühjahr austreiben. Wie der Bärlauch.

Bärlauch

Schon Anfang März sprießen die Blätter des Bärlauches aus dem Boden. Mit seinen wichtigen Inhaltsstoffen (Kalium, Eisen, Kalzium und viel Vitamin C) aktiviert der Bär, nach seinem „Winterschlaf", die Tätigkeit von Galle und Leber. In der Naturheilkunde wird der Bärlauch vor allem bei Verdauungsstörungen, Erkältung, Bronchitis, Cholesterin und Bluthochdruck genutzt. Die Wirkstoffe im Bärlauch helfen auch unserem Stoffwechsel aus dem „Winterschlaf". Gekocht, getrocknet oder zur Blütezeit geht ein Großteil der Wirkung verloren.

Wenn wir Bärlauch sammeln, müssen wir darauf achten, dass wir ihn nicht mit den giftigen Herbstzeitlosen oder Maiglöckchen verwechseln. Doch da gibt es eindeutige Unterscheidungsmerkmale.

Das beste Unterscheidungsmerkmal zwischen Bärlauch und all den anderen Pflanzen ist der typische knoblauchartige Geruch des Bärlauchs. Aber wenn die Finger erst mal nach Bärlauch riechen, lässt es sich nicht mehr sicher feststellen, ob es der Geruch der Blätter oder der der Finger ist. Deshalb zeigte mir mein Opa, wie der Bärlauch noch zu erkennen ist. Das Bärlauch-Blatt hat auf seiner Rückseite eine ausgeprägte und gut zu erkennender Spreite/Rippe (siehe Bild). Bricht man das Blatt an der Rippe und hört ein klares Knacken, so ist es Bärlauch. Beim Bärlauch ist die Blattunterseite immer matt, bei Maiglöckchen und Herbstzeitlose glänzend.
Verwenden können wir den Bärlauch wie Spinat, als Zugabe im Salat, auf dem Butterbrot (wie Schnittlauchbrot) oder als Pesto zubereitet.

Die Verbreitung des Bärlauches erfolgt durch die klebrigen Samen, die mit den Tierfüßen weitergetragen werden.

Spreite/Rippe

Hier sind die Unterschiede tabellarisch zusammengefasst

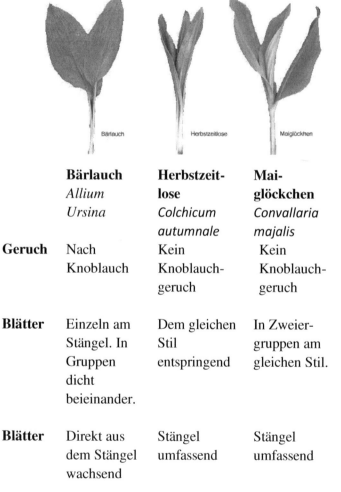

	Bärlauch *Allium Ursina*	**Herbstzeit- lose** *Colchicum autumnale*	**Mai- glöckchen** *Convallaria majalis*
Geruch	Nach Knoblauch	Kein Knoblauch- geruch	Kein Knoblauch- geruch
Blätter	Einzeln am Stängel. In Gruppen dicht beieinander.	Dem gleichen Stil entspringend	In Zweier- gruppen am gleichen Stil.
Blätter	Direkt aus dem Stängel wachsend	Stängel umfassend	Stängel umfassend

Löwenzahn

Auch der Löwenzahn gehört zur Jahreszeit des Frühlings. Die Pflanze hat so viel Kraft und Power, dass sie sogar Teer und Asphalt, wie wir es oft in der Stadt sehen können, sprengen kann. Der Druck beim Keimen entspricht der Stärke einer 30 Meter hohen Wasserfontäne. Sobald die Tage länger und wärmer werden, erscheinen als Erstes die Blätter, die in einer Rosette am Boden von Wiesen, Äckern und Wegen wachsen. Die Blätter ähneln dem Gebiss eines Löwen, deshalb dieser Name. Von März bis Juli blüht der Löwenzahn, dessen Blüten aus vielen einzelnen Zungenblüten zusammengesetzt sind. In Österreich wird aus den einzelnen Blütenblättern eine Löwenzahnbutter hergestellt und mein Freund, der „Kräuterwastl" Sebastian Viellechner, macht aus den geschlossenen Blüten seine schmackhaften Löwenzahnkapern[10].

Die enthaltenen Bitterstoffe des Löwenzahnes fördern den Gallenfluss und wirken entgiftend, entwässernd, entschlackend und harntreibend, weswegen der Löwenzahn auch „Bettbrunzer" genannt wird. Der Stängel ist innen hohl und enthält eine milchige klebrige Flüssigkeit. Diese ist nicht giftig, wie manche Leute meinen. Löwenzahnstängel können kleingehackt wie Schnittlauch in den Kartoffelsalat gegeben werden. Das Kauen eines Stängels soll besonders gut für das Zahnfleisch sein. Bei Sonneneinstrahlung verfärbt sich die milchig weiße Flüssigkeit auf der Haut in einen leichten Braunton. Das ist nicht gefährlich, sondern eher ein lustiger Zaubertrick für Kinder. Russische und deutsche Forscher

---

[10] Buch: Kräuterwastls Weg

versuchten vor dem 2. Weltkrieg aus dem Löwenzahn Gummi für Autoreifen herzustellen. Das Experiment wurde nach kurzer Zeit eingestellt, und man war weiterhin gezwungen den teuren Kautschuk zu importieren.

Gänseblümchen

Sobald die Sonne im Frühling immer wärmer scheint und die Tage länger werden, öffnet sich die kleine Blüte des Gänseblümchens und wendet sich ihrer zu. Im Englischen heißt es Daisy (day's eye), das „Auge des Tages".

Bei den Germanen und Slawen war es die Aufgabe der jungen Mädchen, auf dem Dorfanger Gänse zu hüten. Diese waren der Gänsemutter „Frau Holle" heilig und demzufolge den schönen Göttinnen Freya und Holda gewidmet. Als Gänseblümchen zeigen sich die beiden Göttinnen als wunderschöne junge Feen. Die Gänse fraßen das Gras und so entstand eine kurzgeschorene Grünfläche, der ideale Ort für das freundliche Blümchen. Der Anblick des Gänseblümchens erfreut das Gemüt und so ist es unmöglich beim Anblick eines Gänseblümchens negative Gedanken zu haben. Probieren Sie es aus? 2017 war es Heilpflanze des Jahres.

Bei Akne, Pickel oder Schuppenflechte säubert das Gänseblümchen mit ihren Seifenstoffen unsere Haut. Verwendet wird sie in Salaten oder man macht mit den getrockneten Blüten einen Tee.

Verliebte benützen das Gänseblümchen als Orakel. Abgezählt mit „Sie liebt mich, sie liebt mich nicht" und man reißt nacheinander die weißen Blütenblätter ab. Sind alle Blätter abgezupft, zeigt das Letzte, wie es um die Liebe steht. Bei mir blieb meist das „Sie liebt mich nicht" stehen. Ich habe dann meine Bemühungen um das Mädchen eingestellt und heute, Jahrzehnte später, wenn ich die eine oder andere „große Liebe" wieder mal sehe, denke ich: „Das Gänseblümchen hat Recht gehabt. Gut vorhergesagt".

Huflattich

Der Huflattich ist eine weitere Pflanze, die nahe an Waldwegen wächst, und dessen Blüten schon im März erscheinen. Sind die sonnengelben Blüten im April langsam am Verwelken, erscheinen die bis zu einem Handteller großen Blätter (siehe Bild). Diese sind dick und ledrig und an der Unterseite weiß und leicht behaart.

Den deutschen Namen hat der Huflattich, weil seine Blätter einem Hufeisen ähneln. Der lateinische Name, Tussilago farfara, sagt aber wesentlich mehr über die Pflanze aus. „Tussi", heißt im Lateinischen „Husten". Somit wissen wir dann auch gleich, wofür der Huflattich, 1994 Heilpflanze des Jahres, gut ist. Bei Husten, Heiserkeit oder Bronchitis hilft der Huflattich-Tee, wobei die getrockneten Blätter mehr heilende Schleimstoffe haben als die Blüten.

Die Huflattich-Blätter ähneln den Blättern der Pestwurz. Ein entscheidendes Merkmal aber ist, dass Huflattich-Blätter glatte Ränder haben, während die Pestwurz-Blätter gezahnt sind.

Schlüsselblume (Himmelschlüssel)

Die Schlüsselblume ist ebenfalls der Göttin Freya gewidmet, die den Schlüsselbund trug und den Frühling aufschloss. Bei den Kelten und Germanen hatte die Frau[11] den Schlüsselbund und somit die Schlüsselgewalt. Einer jungen Braut wurde nach der Hochzeit der Schlüsselbund übergeben und sie war nun die „Herrin des Gehöftes". Nach der Christianisierung nahm man der Freya den Schlüssel, und übergab ihn dem heiligen Petrus. In der Berliner Gemäldegalerie ist „Die Schlüsselübergabe", gemalt 1616 von Rubens, zu sehen.

Dazu gibt es folgende Legende. Der Teufel wollte einmal nachschauen wie es im Himmel aussieht und klopfte an das Himmelstor. Petrus sperrte das Himmelstor auf und sah den Teufel. Darauf ließ Petrus vor Schreck seinen Schlüssel fallen. Der Schlüssel flog von Stern zu Stern bis er auf die Erde fiel und sich zur Schlüsselblume verwandelte. In vielen Gegenden nennt man sie deshalb auch „Himmelschlüssel".

---

[11] „Frau" kommt von der Göttin „Freya, der Herrin des Gehöftes"

Die Schlüsselblume steht unter Naturschutz und darf nicht gesammelt werden. Im eigenen Garten angebaut darf man sie dagegen verwenden. Sie hilft wie der Huflattich bei Husten und Heiserkeit.

Für Hildegard von Bingen hatte die Schlüsselblume einen spirituellen Hintergrund. Sie hilft bei Traurigkeit und psychischen Schmerzen, soll die schlechten Geister vertreiben und einen göttlichen Bezug herstellen.

Birke

Einer der ersten Bäume, die zum Blühen beginnen ist die Birke. Der heiligste Baum der Kelten ist der Nationalbaum der Russen.

Die Birke ist ein Pionierbaum. Bei Wind und Sturm fliegen ihre Samen hunderte von Metern durch die Luft und erschließen neue Lebensräume. Sie besiedelt als Erste waldfreie Flächen und wächst dann sehr schnell. Nach 20 Jahren kann sie bereits bis zu 25 Metern hoch sein. In dieser Zeit werden die anderen Bäume nicht mal halb so groß. Dann aber ist die Birke erschöpft und gewinnt nur noch langsam an Höhe. Damit die Buchen und Fichten sie in ihrem Wachstum nicht überholen, peitscht sie mit ihren Ästen schon bei wenig Wind um sich und zerschlägt die Kronen der anderen Bäume. Da die Birke oft alleinsteht, schützt sie sich mit ihrer weißen Rinde vor der Sonne. Später platzt die Rinde auf und wird an diesen Stellen grauschwarz. Ihre Lebenszeit beträgt etwa 150 Jahre.

Die Rinde hat eine fiebersenkende Wirkung. Die jungen Blätter sind vitaminreich, enthalten entschlackende Bitterstoffe und schmecken als Salatbeigabe. Bekannt ist auch der Birkensaft, der gut für Kopfhaut und Haarwuchs ist.

Man gewinnt den Birkensaft, indem man mit einem spitzen Messer die Rinde bis ins Kambium einritzt bzw. einen Ast schräg abschneidet. Aus der Wunde tropft dann das begehrte Birkenwasser.

Der Specht schlägt in den Baum große kreisrunde Wunden, aus denen er dann den Saft saugt. Daher kommt der Ausdruck „Schluckspecht".

Die Birke steht für den Neuanfang, für Reinigung und Schönheit. Bei den Kelten war sie der wunderschönen jungfräulichen, weißgewandeten Pflanzengöttin Brigit (Brigid) geweiht. Die weiblichen Vornamen Birke, Birte, Birgit und Brigitte erinnern daran. Die Pflanzengöttin ist die verwandelte Erdgöttin Holda (Frau Holle), die im Frühjahr aus ihrem Erdenreich nach oben steigt und die Natur zum Blühen bringt. Wo Brigit wandelt, keimen die Samen unter dem Schnee. Mit der Göttin Brigit kommt auch der Bär, der vermummte Sonnengott, aus der Höhle. Die Tage werden länger und die Menschen der Steinzeit hatten einen Grund zum Feiern. Sie zapften die Birke an. Ihr Saft ist entschlackend, leicht berauschend und reinigend. Wenn die Birke blüht, beginnt der Frühjahrsputz.

Die Römer feierten das Reinigungsfest und nannten es Februa. Daher der Monatsname. Von der Kirche wurde dieses Reinigungsfest als „Mariä Lichtmess" (2. Februar) übernommen und zur „Reinigung Marias" umgedeutet. Frauen, die ein Kind auf die Welt brachten, galten im jüdischen Glauben als unrein. 40 Tage nach der Geburt wurde im Tempel die Reinheit rituell wiederhergestellt.

Im Monat Mai tritt die Birke wieder in Erscheinung. Im Wonnemonat war die Hochzeit des jungen keltischen Sonnengottes Bel (Belenos; bei den Germanen Baldur), der inzwischen sein Bärenfell abgelegt hat, mit Brigit, der Göttin der Liebe und Fruchtbarkeit. Junge Männer gingen in den Wald und schlugen eine gerade gewachsene Birke um, schälten sie und hingen einen von den Frauen geflochtenen Kräuterkranz an die Spitze. Um den Kranz wickelten sie rote Bänder, welche das Blut symbolisieren. Es ist die Hochzeit und die Vereinigung des Sonnengottes mit der Pflanzengöttin. Es ist die Entjungferung. Vor Freude nahm man sich bei der Hand und tanzte einen Reigen um den Maienbaum. Der Kuckuck, der Herold, verkündet die Hochzeit. „Kuckuck rufts aus dem Wald". Im alten Kinderlied und im Tanz des „Ringelreihen" ist dieser Brauch erhalten geblieben. Auch die Hochzeitsgesellschaft ist vollzählig. Es ist Mai und „alle Vöglein sind schon da. Alle Vöglein alle".

Im Sommer dann, 14 Tage nach Pfingsten, feiern die Christen das Fest Fronleichnam. In einer Prozession trägt der Pfarrer, gefolgt von den Gläubigen, eine Monstranz mit einer Hostie durch die Straßen. An Marterln oder Kapellen wird gebetet und die Gebirgsschützen, wie ich es in Osttirol erlebte, feuern einen Böllerschuss ab. Geschmückt und eingerahmt sind diese Haltepunkte mit Blumen und mit, in großen Kübel stehenden jungen Birken. So ganz auslöschen konnte man die heiligen Bäume der Heiden nicht. Deshalb übernahm die Kirche viele Bäume und Pflanzen für ihren christlichen Zweck. So eben auch die Birke, die wunderschöne Göttin Brigit.

Eine nicht ganz ernst zu nehmende Geschichte erzählt von den Männern der Kelten. Diesen Männern erschien im Traum die bildhübsche Göttin Brigit, mit der sie sich im Schlaf vereinigten. Mit zunehmendem Alter erschien die Brigit, die „Traumfrau" (daher der Name), immer seltener und ihre Männlichkeit verblasste. Sie gingen zum Druiden, um von ihm Heilung der Männlichkeit zu bekommen. Der Druide (Schamane) begann mit seinem Heilungsritual.

Erst wurde Harz und getrocknete Pflanzen geräuchert, um die bösen Geister zu vertreiben. Waren diese vertrieben, verband er sich im Gedanken mit den guten Geistern, die ihm sagten, was zu tun ist. Für diesen Tipp bedankte sich der Druide, ging zu seinen Kräuterkorb und holte die notwendige „Medizin". Es waren keine blauen Tabletten, es waren die Samen der Brennnessel.

Brennnessel

Brennnesselsamen sind ein Potenzmittel, was schon die Kelten und unsere Urahnen wussten. Doch es wird auch als Gewürz, ähnlich wie Pfeffer, verwendet. Die Blätter als Tee zubereitet, wirken harntreibend und entschlackend. Zudem kann der Tee als Haarspülung benutzt werden. Die Kopfhaut wird gut durchblutet und die Haare gehen nicht so schnell aus. Die Brennnessel hat 30-mal mehr Vitamin C als ein Kopfsalat. Sie wächst gerne auf eisenhaltigen Böden und hat von allen Pflanzen, den höchsten Eisengehalt.

Mit ihren kleinen Brennhaaren am Stängel und an der Unterseite der Blätter bringt uns die Pflanze, wie man heute so schön sagt, ins „Hier und Jetzt". Im Mittelalter hat man Wahnsinnige mit der Brennnessel traktiert, um sie in die Gegenwart zurück zu bringen. Sie ist eine Kriegerpflanze. Denn der Krieger muss auf dem Schlachtfeld immer im „Hier und Jetzt" sein.

Als Kind wollte ich meinem Opa zeigen, wie ich ein Brennnesselblatt abzupfen kann, ohne mich zu brennen. Ich hielt kurz die Luft an, wie es unter uns Jungs üblich war, packte das Blatt zwischen Daumen und Zeigefinger fest an und riss es vom Stängel. Stolz zeigte ich es meinem Opa. Der aber war gar nicht so beeindruckt. Opa sagte nur: „Jetzt pass mal auf Edwin, dann zeige ich dir, wie das geht". Er packte die ganze Brennnesselpflanze von unten nach oben greifend fest an und brach die ganze Pflanze ab. Staunend stand ich da und fragte warum er sich nicht gebrannt hat. Er lächelte und sagte: „Du musst mit der Pflanze reden und sie bitten, dass sie dich nicht brennt. Dann brennt sie dich auch nicht. Du musst mit jeder Pflanze reden". Skeptisch schaute ich Opa an. „Mit der Pflanze reden? So ein Schmarrn". Heute bestätigen Botaniker und Gärtner, dass bei freundlichem Zureden, ja sogar bei ruhiger klassischer Musik, die Pflanzen besser wachsen. Genauer ausführen werde ich dieses Wunder im Kapitel „Wasser".

Opa wusste natürlich, wie er die Brennnessel anpacken musste, ohne sich zu brennen und ich bat ihn, mir diesen Trick zu verraten. Dazu muss man wissen, dass sich die Brennhaare am Stängel und auf der Unterseite der Blätter befinden. Sie stehen von Unten nach Oben. Packt man sie nun von unten nach oben, brechen die Haare nicht ab und stechen dem zu Folge auch nicht. „Opa", sagte ich, „du bist ein schlauer Fuchs" Aber bitte nicht nachmachen. Dazu braucht man schon etwas Übung. Bei mir funktioniert es inzwischen. Aber wenn ich ehrlich bin, auch nicht immer.

Bei den Germanen ist die Brennnessel auch dem Gott Heimdall gewidmet. Heimdall war ein Sohn von Odin und Frigg. Er ist der Hüter der Schwelle und bewacht den Regenbogen.

Regenbogen

In vielen Kulturen verbindet der Regenbogen den Menschen zu der Götterwelt. Es heißt: „Wenn wir einen Regenbogen sehen, dann ist das ein gutes Zeichen. Die Götter zeigen sich". Gerade die Seefahrer freuten sich, da nun endlich der Regen nachließ. Auch Noah sah einen Regenbogen. In der Bibel steht geschrieben, dass Noah mit seiner Arche auf dem Berg Ararat aufsaß. Mit dabei waren seine drei Söhne. Sem, Ham und Jafet. Diese Söhne haben eine besondere Bedeutung. Sie stehen für die Völker auf der Erde. Sem steht für Asien, Ham für Afrika und Jafet für Europa.

Euch ist bestimmt auf-gefallen, dass die rot-häutigen Menschen, also die Indianer, in der Bibel nicht erwähnt wurden. Warum nicht? Ganz einfach. Man kannte die „Roten" nicht. Amerika war noch nicht auf den Landkarten. Als dann 1492 Christoph Kolumbus Amerika entdeckte und darauf die Kolonialisierung folgte, weigerte sich die Kirche die „Roten" als Menschen mit Seele anzuerkennen. In der Bibel waren sie nicht erwähnt. Erst 19 Jahre später erklärte die Kirche die Indianer zu Menschen mit Seele. Aber da waren dann schon nicht mehr viele da. Interessant ist, dass die meisten Indianer an der Grippe verstarben. Gegen diese eingeschleppte Krankheit reagierte ihr Immunsystem nicht. Im Gegenzug brachten die Seefahrer aus der Neuen Welt die Syphilis nach Europa. Syphilis wiederum war dem europäischen Immunsystem unbekannt. Wissenschaftliche Mediziner versuchten mit Quecksilber der Krankheit Herr zu werden. Doch davon gingen den Betroffenen die Haare aus. So wurde die Perücke erfunden. Gerade in Frankreich wurde die Perücke zur großen Mode, die sich in ganz Europa verbreitete. Es war schick, in den Königshäusern und beim Adel mit so einer Haartracht herum zu laufen. Wolf-Dieter Storl nennt diesen Trend nicht Zivilisation, sondern „Syphilisation". Aber Quecksilber verursachte auch große Hautnarben und Pickel. Diese wurden mit Creme und Puder verdeckt. Die Kosmetikindustrie war geboren. Hinzu kam, dass die Leute erbärmlich stanken, und so erfand man das gut riechende „Kölnisch Wasser". Heute machen es die Menschen freiwillig. Sie nennen es „Make-up". Es wird gecremt, getupft, gepinselt, gesprüht und parfümiert was das Zeug hält. Haut, Haare, Nägel, nichts wird ausgelassen. Am Abend wird dann mit Chemieprodukten abgeschminkt. So belasten wir unser größtes Organ, die Haut, mit einer Menge von chemischen Stoffen. Nur nebenbei bemerkt und zum Nachdenken: Für die Kosmetikindustrie und zu Test- und Forschungszwecken sterben jährlich über Hunderttausend Tiere. Außerdem sind in den meisten Kosmetika Nanoplastikteilchen enthalten, die dann in den Boden, ins Trinkwasser und zuletzt in das Meer gelangen. Durch Fischverzehr landen sie dann wieder bei uns im Körper. Unser Blut transportiert es dann weiter ins Gehirn. Alzheimer lässt grüßen. Übrigens, auch Plastikflaschen, gerade wenn sie längere Zeit in der Sonne waren, geben Nanopartikel in das Wasser ab.

Doch jetzt wieder zurück zu unserer Brennnessel.

Unsere Vorfahren machten Seile, Netze, ja sogar Hemden aus ihr. So ist sie auch der germanischen Erdgöttin Holda, also der uns bekannten „Frau Holle" zugeordnet. Sie war für das Spinnen, Weben und Tuchmachen zuständig. Die „Frau Holle" spinnt den „Lebensfaden", wie wir aus dem gleichnamigen Märchen erfahren.

Märchen

Bevor wir uns dem Märchen Frau Holle widmen, sollten wir uns erst mal die Frage stellen, was eigentlich Märchen sind. Was ist der Unterschied zu den Sagen? Sind das erdachte Geschichten oder steckt da mehr dahinter?

Der bekannte Bewusstseinslehrer und Buchautor Kurt Tepperwein, sagte mir dazu folgendes. „Die Weisen des Altertums versuchten ihre Weisheit an andere Generationen weiterzugeben und überlegten, welches der beste Weg ist. Sie kamen auf die Idee, es in Kindergeschichten zu verpacken. Diese Märchen und Sagen erzählen die Mütter ihren Kindern, und die Kinder, wenn sie groß sind, erzählen sie ihren Kindern. Die wieder ihren Kindern usw. Und eines Tages erkennt wieder Jemand die Weisheit im Märchen und in der Sage. Dann kann er den Kindern und den Erwachsenen die Weisheit des Märchens erklären."

Für Wolf-Dieter Storl gibt es zu Märchen gar keine Diskussion. „Märchen sind wahre Geschichten. Es sind passende wahre Bilder". Zu Martin Luthers Zeiten hieß das Wort Märchen „Maer" und hatte die Bedeutung, dass es wahre Botschaften aus geistigen Welten sind. Deshalb schrieb Luther in seinem Weihnachtslied: „Vom Himmel hoch da komm ich her, ich bring euch gute neue Mär".

Der Unterschied zwischen Märchen und Sagen liegt daran, dass in den Sagen genaue Ortsbestimmungen vorhanden sind. Der Rübezahl in der gleichnamigen Sage ist im Riesengebirge, oder König Laurin im Südtiroler Rosengarten-Gebirge zu Hause. Der Wald im Märchen „Hänsel und Gretl" kann überall sein. Ebenso der Brunnen, in den Gold- und

Pechmarie im Märchen Frau Holle fallen. Was hat nun die Frau Holle mit unserem Waldspaziergang zu tun? Ihr werden von unseren Ur-Völkern viele Pflanzen und Bäume gewidmet, die wir später noch kennen lernen. Damit wir die Natur, den Glauben und die Weisheit unserer Ahnen besser verstehen.

Doch zuerst: wer ist Frau Holle?

Frau Holle ist die Große Göttin der Unterwelt. Ihr Lichtreich ist unter der Erde, wo sich der Totenweg befindet. Dieser lange Weg, den die Toten gehen, ist die Voraussetzung, um in ihr Totenreich zu gelangen. Um diesen Weg unbeschwert gehen zu können, gaben alle alten Völker ihren Verstorbenen immer gutes Schuhwerk als Grabbeigabe mit. Noch heute begräbt man amerikanische Cowboys mit ihren Stiefeln. Hat das was zu bedeuten?

Der Zugang ins Holle-Reich, führt über Höhlen, Seen, Moore, Sümpfe, Teiche und wie im Märchen Frau Holle über einen Brunnen.

Märchen Frau Holle[12]

Eine Frau hatte zwei Töchter. Die eine Tochter war ihre leibliche, die andere ihre Stieftochter. Die leibliche hatte die Frau lieber. Doch die war faul, hässlich und böse. Die Stieftochter dagegen war fleißig, schön und liebenswürdig, und musste deshalb den ganzen Haushalt führen. Selbst wenn sie fertig mit ihrer Arbeit war, gab man ihr eine Spindel und sie musste spinnen. Das machte sie am Brunnen. Sie spann so schnell, dass sie einen Moment nicht aufpasste und sich in den Finger stach. Sie erschrak. Blut kam aus ihrem Finger und ihre Spindel flog in den Brunnen. Sie wollte die Spindel noch aufhalten, verlor dabei das Gleichgewicht und flog auch in den tiefen Brunnen. Unten angekommen sah sie eine schöne Blumenwiese. Die Sonne schien und ein staubiger Weg tat sich vor ihr auf.

Das Mädchen ging den Weg und sah eine Kuh. Die Kuh rief: „Bitte melke mich. Mein Euter ist voller Milch. Bitte melke mich". Das Mädchen melkte die Kuh bis ihr Euter von der Milch geleert war.

---

[12] Aus dem Buch: Die alte Göttin und ihre Pflanzen von Wolf-Dieter Storl

Die Kuh ist die Ur-Seele, die schon vor der Erschaffung der Welt da war. Die Göttin Holle zeigt sich in der Tiergestalt als Kuh und will die Seele der Verstorbenen prüfen. Den Indern ist die Kuh noch heute heilig. Bei den Indianern war es eine Hirschkuh. Auch bei Harry Potter kommt eine Hirschkuh als Seele vor.

Das Mädchen ging weiter und kam zu einem Backofen. Aus dem Backofen schrie das Brot: "Hilfe, hol uns hier raus. Wir sind schon fertig gebacken. Hol uns hier raus, sonst verbrennen wir". Auch hier half das Mädchen sofort und holte alle Brote aus dem Ofen.

Das aus Korn gebackene Brot war in allen Kulturkreisen zu jeder Zeit heilig. Prof. Storl schreibt dazu. "Überall wurde das Brot als Göttergabe verehrt, sogar als Stoff gewordener Gott". Im Evangelium von Lukas (22,19) steht: "Dies ist mein Leib, der für euch hingegeben wird". Das Brot besiegelt den Bund Gottes mit dem Menschen und des Menschen mit seinem Mitmenschen. In der Gegenwart eines Brotlaibes fluchten die alten Bauern nie. Wenn meine Mutter, Vater, Oma oder Opa einen Laib Brot anschnitten, machten sie vorher mit der Messerspitze drei Kreuze und segneten es. Dieser Brauch ist leider in Vergessenheit geraten. Das Brot wird heute nur noch sehr selten von Hand zubereitet. Maschinen haben diese Tätigkeit übernommen und der Teig kommt oft mit vielen Zusatzstoffen versetzt, aus Asien. Früher waren die Frauen, die das Brot kneteten, hoch angesehen. Die englische Bezeichnung für Herrin, die "Lady", bedeutete ursprünglich die "Brotkneterin."

Der Backofen galt als ein Symbol für den weiblichen Schoß. Der Leib eines Säuglings ist dem frischen warmen Brotlaib ähnlich. Das Mädchen ist somit eine Art Hebamme. Früher glaubte man, dass die Ahnen, in diesem Fall das Mädchen, den Gebärenden beistehen und den sich wieder verkörpernden Seelen in die diesseitige Welt verhalfen. Man war überzeugt, dass die Ahnen Fruchtbarkeit schenken und den Neugeborenen beistehen. (siehe auch Kapitel Hasel Ahnen)

Als nächstes kam das Mädchen zu einem Apfelbaum, der ebenfalls zu flehen begann. „Bitte schüttele mich. Meine Äpfel sind schon reif. Bitte, schüttele mich". Das Mädchen erfüllte den Wunsch, sammelte alle Äpfel auf und gab sie in einen Korb.

Der Apfel

Der Apfel steht ebenfalls für die Fruchtbarkeit, aber auch für Liebe und Lebenskraft. Schneidet man einen Apfel senkrecht durch, so ähnelt das Apfelhaus einer Vagina. Wird der Apfel horizontal durchgeschnitten, erkennen wir den fünfzackigen Stern, dass „Pentagramm".

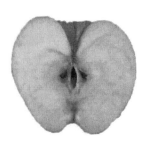

Als Zeichen für Herrschaft wurde damals der Apfel, als Reichsapfel, dem König in die Hand gegeben. Auch das mächtige US-Verteidigungsministerium Pentagon hat als Grundriss den fünfzackigen Stern.

Bei den Kelten, Germanen und Slawen war der Apfel das Symbol des Lebens und der Gesundheit. In der kalten Jahreszeit war er die wichtigste Vitamin-C-Quelle. Der Apfel trug das Leben durch den Winter bis in den Frühling hinein und gilt als die Speise für das ewige Leben. „An apple a day keeps the doctor away". Täglich einen Apfel zu essen, verlängert das Leben. Die germanische Göttin Iduna hatte

Von James Archer (1823 – 1904)

einen Apfelhain und die Götter hielten sich jung und unsterblich, weil sie Idunas Äpfeln aßen. Bei den Kelten hieß das Reich der Toten „Avalon" (das Apfelland), wo sie sich Lebenskraft für die Wiedergeburt holen. In der Arthurs Sage war Avalon der Aufenthaltsort des Königs Arthur nach seiner Verwundung. Seine Halbschwester, die Heilerin Morgan le Fay, soll den König auf der Insel Avalon mit Äpfeln gepflegt und geheilt haben.

In der Bibel symbolisiert der Apfel das Böse, die Sünde, die Verführung und Versuchung. Eva gab Adam einen Apfel zu essen. „Aber das ist doch verboten", sagte Adam. „Nein, nein" erwiderte Eva, „den kannst du ruhig essen". Adam biss in den Apfel und dieser blieb ihm im Halse stecken. Seitdem haben die Männer einen Adamsapfel und aus dem Paradies wurden sie auch noch vertrieben. So steht es in der Bibel. Doch es war nicht unser Apfel, sondern ein Granatapfel. Das ist einfach ein Übersetzungsfehler, der bis heute nicht korrigiert wurde. So wurde der Apfel mit der Sünde gleichgesetzt, ein großer Sprung für die neuen Gläubigen.

Nun traf das Mädchen auf eine Frau mit spitzen Zähnen und wirrem Haar. Sie sah furchterregend aus, sagte aber freundlich. „Fürchte dich nicht. Wenn du fleißig bei mir arbeitest, kannst du bei mir wohnen, du bekommst zu essen und es wird dir bei mir gut gehen."

Mit ihrem wirren Haar, den spitzen Zähnen trägt sie die Wildheit und die Gewalt der Natur in sich.

Die Wurzeln einer umgestürzten Fichte bringen die Ur-Göttin „Frau Holle aus dem Lichtreich der Erde" zum Vorschein. Wir erkennen auf dem Bild den Kopf und das wirre Haar, den Körper, die Beine und am Fuß die „Kuh", das Symbol der Ur-Seele.

Fotografiert kurz vor dem Brünnstein-Haus, auf dem Weg vom Waldparkplatz Tatzelwurm kommend.

Ursprünglich war Frau Holle aber die milde, sanfte Göttin, die den guten Seelen als wunderschöne, liebliche Gestalt erscheint. Bei den nordischen Völkern ist sie der Freya, der

Göttin der Liebe und Schönheit zugeordnet. Wir sehen also, im Märchen geht es den Toten bei der Frau Holle gut. Hölle, Pech und Schwefel kannten die Naturvölker kaum.

Sie arbeitete fleißig, schüttelte tagsüber die Federbetten, dass es auf der Erde schneite, und am Abend gab es gutes Essen. Doch dann hatte sie den Wunsch auf die Erde zurückzukehren. Frau Holle willigte ein, gab ihr die Spindel zurück und führte sie zum Tor. Vom Torbogen fielen Goldstücke herab, die an ihrem Kleid haften blieben. Der Hahn rief. „Kikeriki, unsere goldene Jungfrau ist wieder hie(r)".

Dass die Seele nach einiger Zeit in der anderen Welt wiederkehrt und mit ihrem Schicksal neu geboren wird, davon waren unsere Vorfahren überzeugt. Frau Holle gibt dem Mädchen die Spindel, den verlorenen Lebensfaden, zurück. Jeder Mensch hat also sein Schicksal selbst gesponnen.

In Indien wird es Karma genannt. Alle Gedanken und Taten müssen im Leben oder eben im neuen Leben abgearbeitet werden. Die guten und die bösen. Das Abarbeiten wird Dharma genannt. „Erst, wenn alles abgearbeitet ist, kein neues Karma erzeugt wird, ist der Mensch bereit für neue Dimensionen. Dann ist er erleuchtet", so erklärte es mir Kurt Tepperwein.

Im Schuldbekenntnis der katholischen Kirche, beten die Gläubigen: „Ich habe gesündigt in Gedanken, Worten und Werken, durch meine Schuld…" In der Beichte werden die Sünden (Sünde kommt von „Abgesondert sein") dann vergeben. „Abgearbeitet" mit Bußgebeten.

In der heutigen digitalen Zeit würde man es wohl so erklären: Jeder Mensch hat seine persönliche Datenbank (Spindel, Karma) wo alle Gedanken und Taten abgespeichert und wieder verarbeitet werden.

Die Goldtaler, die am Kleid des Mädchens haften blieben, waren kein Mitbringsel von Reichtum. Gold war immer das Symbol für Weisheit. Der Hahn, das Symbol des Grenzwächters ist der Verkünder des neuen Lebens. Auch bei den Christen gilt der Hahn als Verkünder. „Wenn der Hahn dreimal kräht, wirst du mich dreimal verleugnen", sagte Jesus am Vorabend seines Todes zu Petrus.

Als Wetterhahn, als Prophet des Tages und des Lichtes, ist der Hahn oft auf Kirchtürmen zu sehen.

Im Geburtsort meiner Mutter, in Lindewiese[13] im Altvatergebirge gab es einen uralten Brauch. Das sogenannte Hahnschlagen. Im Volksglauben genoss der Hahn hohes Ansehen und galt auch als Fruchtbarkeitssymbol mit ganz besonderer Segenswirkung. Indem man ihn erschlug und anschließend verspeiste, gewann man selbst Anteil an seiner Segenskraft.

Das Mädchen kommt auf seinem Weg zurück auf die Erde wieder am Apfelbaum, am Backofen und an der Kuh vorbei und erfüllt auch diesmal alle ihre Bitten. Dafür bekommt sie Gaben, die sie für das Leben auf Erden braucht.

---

[13] Lipova Lazne in Tschechien

Die Gaben, die das Mädchen mitbekommt, sind nichts anderes als ihre Begabung oder, wie wir sagen ihr Talent.

Somit ist das Märchen „Frau Holle" eine Geschichte von Tod und Wiedergeburt. Die heidnischen Völker waren sich sicher, dass die Seele nach einiger Zeit in der Unterwelt wiederkehrt.

Hasel und Aschenputtel

Wie die Birke ist auch die Hasel eine Pionierpflanze und gehört zu der Gattung der Birkengewächse. Die Blüten können schon im Januar austreiben und sind die Erste Nahrungsquelle der Bienen. Die Hasel trägt männliche und weibliche Blüten und ist somit eine einhäusige Pflanze. Wie es der Name schon sagt, sitzen die männlichen und weiblichen Blüten in einem Haus. Da die Bienen nur die

männlichen Blüten anfliegen, werden die weiblichen Blüten vom Wind bestäubt.

Meist an Waldrändern, auf nährstoffreichen Boden mit viel Licht, wächst die Hasel als Baum oder als zwei bis sechs Meter hoher Strauch oder Busch. Die Haselnuss enthält 60% Fett, Kalzium, Eisen und die Vitamine A, B1, B2 und C. Sie stärken die Nerven, das Gehirn und das Immunsystem. Die jungen Blätter und Knospen sind essbar und schmecken in Baumblätter- und Frühlingssalaten.

Wo liegt der Unterschied von Baum und Strauch? Ein Baum hat nur einen Stamm. Beim Strauch dagegen treiben viele einzelne Stämme aus dem Boden.

Die Hasel ist ewig jung und selbst wenn man sie abschneidet treibt sie immer wieder neu aus. Sie verbindet, laut Prof. Storl, mit anderen Dimensionen. Deshalb werden Haselstäbe als Wünschelruten zum Aufspüren von Wasseradern oder Metall eingesetzt. Der Zauberer hat einen Zauberstab aus Hasel und der hl. Jakob ging mit einem Haselstecken auf Wanderschaft. Auch der Bischofsstab ist aus der Hasel und war früher der Stab der Hirten. Mit dem Haselstab spürt man in das Reich der verstorbenen Ahnen, die dann mit Segen zurückwirken können. Das erzählt uns das Märchen vom Aschenputtel, wo das Mädchen einen Haselstecken in das Grab ihrer verstorbenen Mutter steckt. Die Mutter segnet dann Aschenputtel mit den Dingen, die sie für ihr Leben braucht. Übrigens trägt auch der Nikolaus eine Haselrute. Aber nicht um die Kinder zu züchtigen, sondern um auch ihnen Gesundheit, Fruchtbarkeit und Inspiration zu geben. Dazu gab es Nüsse und Äpfel. Somit galt die Hasel auch als ein Fruchtbarkeitssymbol. Zu Ostern war es im Altvatergebirge der Brauch, dass junge Burschen die Frauen „schmackostern". Mit einem leichten Schlag der Haselrute sollen sie gesund und fruchtbar bleiben. Dazu sang der Bursche: „Dengel, dengel Ostern, ich komm zu dir schmackostern". Die Frauen bedankten sich fürs „Schmackostern" mit einem Schnaps. Tief beleidigt waren die Frauen, zu denen kein Bursche zum „Schmackostern" kam, erzählte mir meine Mutter.

Ahnen

In den Märchen „Frau Holle" und „Aschenputtel" erfahren wir, dass die Ahnen, nach dem Glauben der alten Völker, den Nachkommen behilflich sind. Weiter glaubten sie, dass sich die verstorbenen Ahnen im Menschen verkörpern können. Das klingt erstmals befremdlich, doch ganz so abwegig ist es nicht. „Enkel" stammt vom altdeutschen Wort „Enk" ab und bedeutet „Ahn". Das „Ähnchen" oder „Ahnenkind". Schließlich wissen wir, wie die Gene unsere Gesundheit und körperliche Konstitution beeinflussen. Die Mediziner gehen sogar noch weiter und führen viele Krankheiten auf bestimmte Gene oder Erbanlagen zurück. Wir haben es eben von unseren Eltern geerbt. Inzwischen weiß man auch, dass unser Erbgut nicht nur von den Eltern kommt, sondern weit in unseren Ahnenstamm hineinreichen kann. Im Dezember 2018 erschien in der Wochenzeitschrift DER SPIEGEL ein Artikel mit dem Titel: „Familien und ihre Geheimnisse. Wie unsere Vorfahren unser Leben prägen". Der Artikel bezieht sich auf neueste wissenschaftliche Erkenntnisse. So weiß man heute, dass auch das emotionale Erbe von Generation zu Generation weitergereicht wird. Die Psychologin Marianne

Rauwald vom Institut für Trauma-Bearbeitung in Frankfurt sagt dazu: „Wir alle stehen in einer Reihe, sind Glieder einer Kette von Generationen, verbunden und verknüpft über vielgestaltig weitergegebene biologische, kulturelle, gesellschaftliche wie familienspezifische Vermächtnisse. Wir werden so in eine bereits bestehende Welt eingegliedert, durch diese geprägt, lange bevor wir uns dieses Einflusses bewusst sind und eine aktive Aneignung dieses Erbe möglich wird".

Auch ich beschäftige mich seit Jahren mit der Ahnenforschung und musste feststellen, dass meine Urgroßväter u.a. Gärtler, Bauern und Waldknechte waren. Vielleicht kommt daher meine Liebe zur Natur und zu den Pflanzen. Das bestätigt uns, dass die Weisheiten der alten Völker, verpackt im Märchen, wohl doch nicht so ganz von der Hand zu weisen sind.

Nun haben wir, Gott sei Dank, von unseren Ahnen auch Gesundheit, Fitness und Begabungen, auch Talente genannt, geerbt. Deshalb finde ich es sehr wichtig, dass Eltern die Talente ihrer Kinder erkennen, fördern und sie in ihren Wünschen und Träumen bestärken. Denn im Kindertraum verbirgt sich meist sein Talent, so Kurt Tepperwein, der weise Lebensberater, der mir folgende Geschichte erzählte.

Ein Lehrer gab seinen Schülern die Aufgabe einen Aufsatz über das Thema: „Was ich mir im Leben erträume" zu schreiben. Ein Schüler, nennen wir ihn Hansi, schrieb: „Ich träume von einem großen Pferdegut mit Stallungen, einer Reitschule, Unterkünften für meine Angestellten und in der Mitte ein schönes Haus, wo ich mit meiner Familie wohne". Für diesen Aufsatz gab der Lehrer dem Schüler die Note Fünf mit der Begründung, das ist kein Traum, das ist Spinnerei. „Aber", sagte der Lehrer zu seinem Schüler, „ich gebe dir noch eine Chance, damit du eine bessere Note bekommst. Schreib einen reellen Traum". Der Schüler überlegte kurz. Dann sagte er. „Herr Lehrer behalten Sie ihre Fünf, ich behalte meinen Traum". Nach vielen Jahren gab es ein Klassentreffen, bei dem auch der Lehrer dabei war. Er fragte seine ehemaligen Schüler, was sie nun machen. Einer war Lokführer, einer Bankangestellter und einer Beamter. Dann fragte er Hansi, was denn er mache. Hansi griff in seine Tasche und holte Fotos heraus, die er dem Lehrer zeigte. „Das ist mein Pferdegut, das sind die Stallungen, das die Unterkünfte meiner Angestellten und das mein Haus", sagte er. Dem Lehrer kamen die Tränen. Er umarmte den Schüler und sagte: „Es tut mir so leid. Ich habe wohl vielen Schülern ihren Traum genommen, nur weil meine Vorstellungskraft für das Leben nicht ausreichte."

„Lebe deinen Traum"

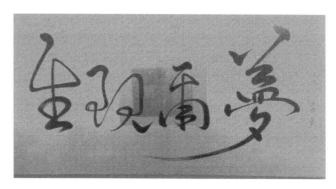

Auch mein Lehrer, der Herr Gschweng, ermahnte mich oft, wenn ich wieder mal zum Fenster rausschaute und die Vögel in den Bäumen beobachtete. Ich solle nicht „träumen" und besser aufpassen. Dann kam immer seine Frage: „Was habe ich gerade gesagt?", und meine Antwort war: „Keine Ahnung, Herr Lehrer". Ich war also praktisch „ahnungslos". Die Ahnen hatten mich, gerade in der Schulzeit, öfters verlassen. Übrigens, der Vorwurf des Lehrers, ich hätte nicht aufgepasst, stimmte nicht ganz. Ich hatte schon aufgepasst. Ich hatte aufgepasst, was vor dem Fenster in den Bäumen passiert. Das war für mich viel interessanter.

Foto: Volker Lesch

Ostern

Das Osterfest wurde vom keltischen Fest Ostera (germanisch: Ostara) übernommen. Es fand am ersten Vollmond nach der Tag- und Nachtgleiche vom 21. März statt. Die katholische Kirche hat diesen Termin für das Osterfest übernommen, mit der Ausnahme, dass der auf den Vollmond folgende Sonntag als Ostersonntag gefeiert wird.

Dann kommt der Osterhase und versteckt die Eier, welche die Kinder suchen. Doch warum der Hase? Ostera war die lichtbringende Göttin des Frühlings und der Fruchtbarkeit. Ihr zugeordnetes Tier war der Hase. Da sich Hasen im Frühjahr stark vermehren, galten sie ebenfalls als Fruchtbarkeitssymbol. Ebenso war das Ei ein Symbol der Fruchtbarkeit. Das Wort Ei soll von „oiom" kommen. Dieses alte Wort ist verwandt mit dem Vogel und bedeutet „was zum Vogel gehört". Aus dem Ei schlüpft ein Küken, deshalb galt das Ei als Zeichen der Auferstehung. Für die Christen ist Ostern der wichtigste Feiertag. Christus ist von den Toten auferstanden. Die in die Kirche mitgebrachten Eier wurden in der Osternacht vom Pfarrer gesegnet. Erst dann färbte man die Eier rot, um sie von den nicht gesegneten zu unterscheiden. Die Farbe Rot symbolisierte zugleich das Blut Christi, welches uns vor der Sünde losspricht.

Inzwischen bekommen die Bäume ihre Blätter. Eine Bauernregel sagt: „Grünt die Eiche vor der Esche, gibt es große Wäsche (viel Regen). Grünt die Esche vor der Eiche, gibt es große Bleiche (sehr trocken)". Vor meinem Balkon stehen eine Eiche und eine Esche, aber ich musste feststellen, dass die alte Bauernregel nicht mehr stimmt. Vielleicht hat das mit der Klimaerwärmung zu tun. Sei es darum. Schauen wir uns nun mal die Esche genauer an.

Esche – der Weltenbaum

Die Esche ist in der nordischen Mythologie der Weltenbaum Yggdrasil. Sie verkörpert die gesamte Schöpfung und verbindet die drei Welten Himmel, Mittelwelt und Unterwelt. In den Wurzeln der Weltesche sind die drei Schicksalsgöttinnen, die das Schicksal der Menschen und der

Götter bestimmen. Urd ist die Göttin des Ursprunges, Werdani die Göttin der Gegenwart und Skuld die Göttin der

Zukunft. Die Esche ist das Sinnbild des Lebens, vom Werden und Vergehen bis zur Wiedererneuerung. Weil Odin, der nordische Gott des Himmels, das geheime Wissen der Unterwelt erlangen wollte, hängte er neun Tage und neun Nächte am Weltenbaum, dem Baum der Erkenntnis und des Wissens.

In dem mächtigen Baum ist alles mit allem verbunden. Die Wissenschaftler der Quantenphysik bestätigen inzwischen die Weisheit des Weltenbaumes. Jedes Atom ist mit jedem Atom irgendwie verbunden. Jetzt fragte ich die Elfen, wie ich mir den Weltenbaum vorstellen soll. „Suche dir ein Blatt aus und das bist du. Daneben das Blatt soll deine Lebenspartnerin und wieder daneben die Blätter deiner Kinder sein. Die Blätter am gleichen Zweig sind deine Verwandten. Dann kommen Freunde, Bekannte, Arbeitskollegen usw. So schaue dir dann den Weltenbaum an und erkenne deinen Wohnort München, Deutschland, Europa und beim Betrachten der ganzen Baumkrone, eben unsere Erde. Richte deinen Blick auf die Krone nach unten und stelle dir Afrika vor. Dann gehe um den Baum. Da sind dann Asien, Australien und Amerika. Viele Blätter, die alle zum Baum gehören und mit einander verbunden sind. Das heißt also, dass alle Menschen auf der Welt miteinander verbunden sind. Müsste es dann noch Kriege, Ausbeutung, Flucht und Vertreibung geben? Der Baum ist da wesentlich gescheiter als die Menschen. Da kämen die Blätter doch niemals auf die Idee, andere Blätter desselben Baums zu bekämpfen. Neid, Gier, Missgunst, Eifersucht kennt der Baum nicht. Ganz im Gegenteil. Der Baum hält alles zusammen. Der Baum will, dass es allen

Blättern gut geht. Nur so kann er, um zu wachsen, optimal die Photosynthese betreiben, indem er den Kohlenstoff (chemisch C) einlagert. Alle Bäume und Pflanzen machen das so. Da solltet ihr Menschen euch mal ein Beispiel an der Natur nehmen", flüsterten mir die Elfen zu.

Nada Breitenbach, die spirituelle Wissenschaftlerin, erklärt es so: „Der Weltenbaum, die Esche, gibt uns die Möglichkeit wieder zu sehen, ich bin ein Teil im großen Gesamtkosmos. Da gibt es keine Nationalität, keine Religion, keine kulturellen Unterschiede, kein Alter. All das betrifft nur die Form und nicht das Wesen". Nüchtern auf den Punkt bringt es der Direktor des Max-Planck-Institutes für Menschheitsgeschichte, Johannes Krause: „[…] Man muss sich bewusst machen, dass über 4000 Jahre betrachtet jeder Mensch mit jedem Menschen auf der Welt blutsverwandt ist. […]".[14]

Demgemäß betrachte ich nachdenklich und fasziniert den ausladenden Weltenbaum.

Botanisch betrachtet gehört die Esche zur Familie der Ölbaumgewächse. Sie ist jedoch der einzige Baum dieser Art, der sich vom Wind bestäuben lässt. Die Esche ist einer der höchsten Laubbäume in Europa und kann bis zu 40 Meter hoch und an die 300 Jahre alt werden. Das Holz ist schwer

---

[14] Süddeutsche Zeitung, Wissen vom 24.9.2019

und fest und wird im Innenausbau und zur Möbelherstellung verwendet.

Aus den getrockneten Blättern lässt sich ein Tee zu bereiten, der bei Blasenleiden und Rheuma helfen soll. Hildegard von

Bingen empfiehlt, gekochte Eschenblätter auf schmerzende Gelenke zu legen.

Durch Anritzen der Rinde bringt die sogenannte Manna-Esche, die im östlichen Mittelmeerraum vorkommt, einen, nach Mandeln und Honig schmeckenden, besonders heilkräftigenden Saft, der „Manna" genannt wird, hervor. Der Saft enthält bis zu 90 % des Zuckeralkoholes Mannitol. Ist dieses alkoholische Getränk das „Manna", in der lustigen Geschichte „Ein Münchner im Himmel" von Adolf Gondrell, welches Petrus dem Engel Aloisius anbietet?

Ein Münchner im Himmel

Der Engel Aloisius war Dienstmann am Münchner Hauptbahnhof, erlitt einen Schlaganfall und kam an die Himmelstür. Petrus sperrte die Tür auf und erklärte ihm die himmlischen Regeln. Er solle sich auf eine Wolke setzen und frohlocken und Hosianna singen. Aloisius fragte, wann er eine Maß Bier zum Trinken bekomme und Petrus antwortete ihm, dass er sein „Manna" schon bekommen wird. Aloisius wurde grantig und brüllte den Petrus an, dass er sein „Manna" selbst saufen soll. Er möge ein Bier. Durch das Geschrei erwachte der Liebe Gott von seinem Mittagsschlaf und sah nach, was da los ist. Als er Aloisius sah, sagte er nur: „Aha, ein Münchner". Er beriet sich mit Petrus und sie waren sich einig, dass sie Aloisius im Himmel nicht gebrauchen können. Er solle als Botschafter des Himmels für die bayerische Regierung eingesetzt werden und einen Brief für die Politiker mitnehmen. Das gefiel dem Aloisius und er flog, so schnell er konnte, nach München. Als er dort ankam, ging er gleich ins Hofbräuhaus und bestellte sich eine Maß Bier. Und noch eine Maß und noch eine Maß. Und da sitzt er heute noch. Aloisius braucht kein „Manna", sondern kann sein geliebtes Bier trinken, und die bayerische Regierung wartet bis heute vergeblich auf die göttlichen Ratschläge.

Sommer

Inzwischen sind wir im Sommer angekommen. Auf den Feldern, vor dem Wald, reift bereits das Korn und wird langsam goldgelb. Es ist das Haar der Pflanzen- und Fruchtbarkeitsgöttin Brigit, der verwandelten Frau Holle. Sie zeigt jetzt, wo die Sonne am höchsten steht, ihre Früchte und ihre ganze Pracht. Es ist die Zeit der Sommersonnwende und gleich eine Gelegenheit, kurz auf den keltischen Jahreskreis einzugehen.

Keltischer Jahreskreis.

Der keltische Jahreskreis zeigt Feste und Feiern der Kelten an. Er ist ein Rad mit acht Speichen, welches die vier Sonnen- und vier Vollmondfeste darstellt. Das gerade Kreuz zeigt die beiden Sonnwenden (Winter unten, Sommer oben) und die Tag- und Nachtgleichen (links Frühling, rechts Herbst). Darauf das Mondkreuz zwischen den Sonnenzeiten.

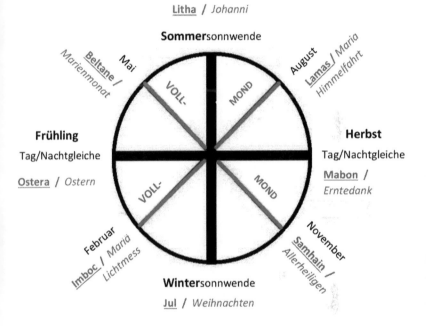

An diesen Vollmondtagen feierten die Kelten. Es waren ihre Feiertage, und wir sehen, dass die Kirche viele Festtage übernahm.

Johanniskraut.

Wegen des harten Stängels hieß das Johanniskraut früher Hartheu. Wie so viele Pflanzen wurde auch das Hartheu in der Zeit der Christianisierung umbenannt und dem Heiligen Johannes den Täufer, der zu dieser Zeit seinen Gedenktag (Namenstag) hat, zugeordnet. Aus dem Sonnwendfeuer der Kelten wurde das Johannisfeuer. Die Kelten glaubten, dass Flöhe, Kleinsttiere und vor allem Würmer die Auslöser von Krankheiten seien. Denken wir an das Sprichwort: „Das wurmt mich". Deshalb sprangen sie über das Sonnwendfeuer (Johannisfeuer). Die große Hitze des Feuers sollte die Krankheitserreger verbrennen. Der Brauch über das Feuer zu springen hat sich bis heute gehalten.

Das Johanniskraut speichert das Licht der Sonne und bringt es in traurige Gemüter. Das ist schon von Paracelsus aus der frühen Neuzeit überliefert und wurde von der medizinischen Forschung bestätigt. Johanniskrauttee hilft gegen Depressionen.

Die Pflanze wird zwischen einen halben bis einen Meter groß. Ihre kleinen ovalen Blätter sind gelb wie die Sonne. An der Unterseite der Blätter sieht man kleine rote Punkte und Löcher. Es sind Öl-Drüsen, durch die die Sonne scheint. Dazu gibt es folgende Geschichte.

Der Teufel war über die Zauberkraft der Pflanze so zornig, dass er in die Blütenblätter mit der Nadel Löcher hineinstach. Halten wir ein Blütenblatt gegen die Sonne, erkennen wir winzig kleine rote Punkte.

Mitte Juni erscheinen die kleinen gelben fünfblättrigen Blüten mit ihren Staubblättern. Beim Zerreiben der Blüten beobachten wir eine Rotfärbung an den Fingern. Dies ist der rote Wirkstoff Hypericin, ein Stimmungsaufheller. Weitere

Wirkstoffe sind Flavonoide, Bitterstoffe, ätherische Öle und Gerbstoffe.

Johanniskraut Öl (siehe Verwendung) nutzt man zum Einreiben bei Insektenstichen, Rückenschmerzen und Verspannungen. Gerade in den kalten lichtarmen Monaten (November bis März) eignet sich das Öl zur Pflege der Haut. Der Körper nimmt das Sonnenlicht über die Haut auf. Die früheren Kräuterfrauen haben beim Sammeln immer dazu gesungen. „Fehlt es dir an Lebensmut, tut Johanniskraut dir gut". Eine Bauernregel sagt: „Regnet es zum Johannitag, regnet es noch 14 Tag". Zur gleichen Zeit blüht auch die Königskerze, die wir an Wegrändern entdecken.

Königskerze

Der König hat auf seinem Kopf eine goldene Krone, die Krone der Weisheit, in einer Hand einen Apfel, den Reichsapfel, das Symbol für das Leben, und in der anderen Hand das Zepter, die Königskerze. Sie steht für Würde und Aufrichtigkeit.

Die Königskerze ist unter mehreren Namen bekannt. Donnerkerze, Nachtkerze, Wetterkerze oder Brennkraut. Auch Lampenkraut wurde sie genannt, weil ihr Haarflaum als Zunder benutzt wurde. Außerdem stellte man aus den getrockneten Blätter Streifen her, sogenannte Dochte oder Brennkräuter, die in Öl getaucht als Tisch- oder Zimmerleuchten brannten. Innerhalb von drei bis vier Wochen bilden sich am Stängel an die 200 nach Honig duftende gelbe Blüten, die bei Schmetterlingen, Hummeln und Bienen heiß begehrt sind. Auch wir können die gelben, süß schmeckenden, Blüten bedenkenlos essen. Doch am wirksamsten sind sie frisch oder getrocknet als Tee aufgebrüht. Mit ihren Inhaltsstoffen, vor allem schleimlösenden- und seifenähnlichen Stoffen, helfen sie bei Husten und Halsschmerzen.

Schafgarbe

Die Inhaltsstoffe der Schafgarbe sind ähnlich denen der Kamille. Schafhirten haben festgestellt, dass ihre kranken Tiere die Pflanze fressen, um wieder gesund zu werden. So haben die Wissenschaftler dann über 100 gesundheitsfördernde Wirkstoffe gefunden. Die wichtigsten Stoffe sind die ätherischen Öle, die Bitterstoffe, Gerbstoffe und die Flavonoide. Die Pflanze wirkt krampflösend, kräftigend und entzündungshemmend. Heißer Schafgarbentee hilft bei Viruserkrankungen, wie Grippe, Masern, Windpocken und Katarrh. Im Orient heißt es: „Ohne Schafgarbe, Olivenöl und Knoblauch würde keine einzige Pyramide stehen". Schon damals wusste man, was die Sklaven brauchten, um gut arbeiten zu können und gesund zu bleiben. Somit ist die Schafgarbe ein „regelrechter Arzt", wie Wolf-Dieter Storl sagt.

Der Stängel der Schafgarbe ist so fest, dass man ihn mit der bloßen Hand nicht abreißen kann. Auch die Blätter sind fest, fast schon drahtmäßig, gefiedert und wechselständig angeordnet und werden als die „Augenbraue der Venus" oder die „Wimpern der Aphrodite" bezeichnet. An Wald- und Wegrändern, wo nicht gemäht wird, erreicht die Pflanze eine Höhe von 50 bis 70 cm.

Schafgarbenöl wird wie das Johanniskrautöl hergestellt.

Spitzwegerich

Die Spitzwegerich-Blätter sind das Wiesen-Pflaster der Natur. Die Heilpflanze ist immunstärkend, entzündungshemmend, blutstillend und regt die Selbstheilungskräfte an. Die Blätter helfen bei blutenden Verletzungen und bei Stichen von Mücken, Bienen oder Wespen. Dabei zerdrückt man ein Blatt und legt es dann auf die Wunde. Roh gegessen helfen die Gerbstoffe des Spitzwegerichs bei Lungen- und Erkältungskrankheiten, Halsschmerzen und Zahnfleischentzündungen.

Interessant ist, dass auf den Samenständen winzig kleine Flohsamen sitzen. Diese helfen bei Verstopfung und sind gut für den Darm. In Drogerien und Apotheken wird meist der Flohsamen des indischen Wegerichs (Plantago ovata) verkauft. Essen wir doch lieber unseren heimischen Flohsamen! Dabei isst man den ganzen oberen Teil. Er schmeckt etwas nussig und man braucht nicht die kleinen Flohsamen herauszupfen.

Wasser, in das frische Spitzwegerich-Blätter eingelegt wurden, wirkt immunstärkend. Ebenso ein Teeaufguss mit den getrockneten Blättern, der bei aufkommenden Erkältungskrankheiten getrunken werden soll. Noch besser hilft bei Erkältungskrankheiten und Husten ein Spitzwegerich-Honig (siehe Verwendung).

Linde

Der Baum, der zur Sonnwende seine ganze Blütenkraft erreicht, ist die Linde. Sie ist der Nationalbaum der Tschechen und viele Orte haben den Baum im Namen: Lindau, Lindenberg, Linderhof oder Lindewiese. Die Stadt Linz bedeutet Lindenhain und Leipzig hieß bis 1485 Lipsko, was Lindenort bedeutet. Man fährt durch Lindenalleen, speist im Gasthaus „Zur Linde", wohnt in der „Lindenstraße" und küsst sich unter den Linden. Sogar in Mädchennamen ist die Linde enthalten. Gerlinde, Sieglinde, Rosalinde, Herlinde, Heidelinde, Linda als Kurzform oder Lindsay. „Lind" bedeutet im Altdeutschen so viel wie „mild, freundlich oder sanft". Die Linde ist die Sanfte, die „Linderung" bringt. Man „lindert" die Schmerzen.

Bei Erkältungskrankheiten verabreichten unsere Omas keine chemischen Brausetabletten, sondern einen Lindenblütentee, der fiebersenkend, schweißtreibend und entgiftend wirkt. Mein Freund, der „Kräuterwastl", sagte zu mir: „Du trinkst den Lindenblütentee, wenn du eine Erkältung hast. Ja, warum trinkst du den Lindenblütentee nicht vorher, damit du erst gar keine Erkältung bekommst?". Da ist was Wahres dran. Die Blüten enthalten Schleimstoffe, Flavonoide, ätherische Öle und Gerbstoffe. Den Tee kann man auch zum Waschen des Gesichtes hernehmen. Er reinigt und beruhigt die Haut.

Wenn wir uns die herzförmigen Blätter anschauen, dann wissen wir, warum die Linde auch der Baum der Liebe und des Herzens genannt wird. Für die alten Völker, aber auch für Paracelsus, war das Herz der Sitz der Seele. Das änderte sich in der Zeit der Aufklärung. Der Philosoph René Descartes, der alles „Alte" in Frage stellte, hat mit seinem berühmten Ausspruch „Ich denke, also bin ich" ein neues Weltbild des Menschen geschaffen. Er brachte das Wesen des Menschen in den Kopf. Das Denken war ab jetzt das Wesentliche und nicht mehr das Herz und die Seele. Für Descartes war das Herz nichts anderes als eine mechanische Pumpe. Gerade, wo ich über das Herz schreibe, machen mich die Elfen auf einen Artikel in der Süddeutschen Zeitung[15] aufmerksam. Die Überschrift lautet: „Kleine Patienten lohnen sich nicht – Kindermedizin ist wegen der hohen Kosten für viele Krankenhäuser ein Verlustgeschäft". In diesem Artikel wird vom Uni-Klinikum Rechts der Isar (TU München) berichtet, dass der Abteilung für psychisch kranke Kinder und Jugendliche die Schließung droht, da sie Verluste macht. Wir denken nur noch an Geld und Profit. Das zeigt uns, was für eine herzlose Gesellschaft wir geworden sind. Wie hartherzig und krank ist den sowas? Ist das ein Grund, warum Herz-Kreislauf-Erkrankungen die Todesursache Nummer Eins in Deutschland ist? „Es kommt eben alles zurück im Leben", flüstern mir die Elfen zu. „Ein gesundes Herz dagegen ist warmherzig, gütig und mitfühlend. So, wie eben die Linde". Sie ist das Symbol für Schutz, Liebe und Frieden und war bei den Germanen der Göttin Freya, und bei den Griechen der Aphrodite geweiht.

---

[15] SZ vom 20.Sept. 2019, Münchner Teil

Die Linde, die über tausend Jahre alt werden kann, ist ein menschenfreundlicher Baum und wurde deshalb als Schutz im Zentrum der Dörfer gepflanzt.

Unter der Dorflinde wurde Gericht gehalten, regelmäßig Feste gefeiert, getanzt, geküsst und Ehen geschlossen.

Brautleuten wurden mit Lindenbast die Hände zusammengebunden. Dies war das Zeichen, dass sie ein Leben lang zusammenbleiben werden. Wer unter der Linde sitzt, genießt dank ihrer ausladenden Baumkrone den kühlenden Schatten. Hier lässt es sich träumen, hier kommt man zur Ruhe. Das dichtete Wilhelm Müller Anfang des 19. Jahrhundert. Franz Schubert vertonte das Gedicht und so wurde es ein beliebtes Volkslied.

Am Brunnen vor dem Tore

Am Brunnen vor dem Thore
Da steht ein Lindenbaum:
Ich träumt' in seinem Schatten
So manchen süßen Traum.
Und seine Zweige rauschten,
Als riefen sie mir zu:
Komm her zu mir, Geselle,
Hier findst Du Deine Ruh'!

Das Holz der Linde gehört zu den weichsten Hölzern Europas und wird gerne zum Schnitzen verwendet. Viele Bildnisse von Marienstatuen wurden aus Lindenholz gefertigt. Die bekannteste ist die schwarze Madonna in Altötting.

Die jungen Blätter und Blüten, die auch roh gegessen werden können, eignen sich als Salatzugabe.

Um die Sonnwende blüht die Linde, und die ganze Kraft des Lichtes sammelt sich in ihren süßlichen Blüten.

Rot-Buche

Wieder kommen wir zu einem Baum, der der Göttin Freya gewidmet ist. Die Buche.

Die Buche galt bei vielen Völkern als die „weise Frau des Waldes". In Holzstäbchen von der Buche ritzten (engl. Write = ritzen, rätseln) die Germanen Runenzeichen, die sogenannten „Buchenstäbe", aus denen schließlich unsere „Buchstaben" wurden.

Das „Buch" war ursprünglich eine Schreibtafel aus Buchenholz und das Schreiben auf solchen Tafeln hieß man „buchen". Noch heute sagen wir: Wir „buchen" ein Hotelzimmer. Das heutige Buch, dass daraus wurde, ist immer noch ein gewachsenes Sinnbild des Lebens mit „Blättern", inhaltlichen Blüten und Früchten. Die Runen benutzten unsere germanischen Vorfahren auch zum Voraussagen der Zukunft. Es wurde gerätselt, was die Runen bedeuten. Die Buche ist die weise Frau des Waldes, der Baum des Lebens. Nach der Christianisierung hängten die Menschen Gnaden- und Marienbilder an Buchen und so mancher Wallfahrtsort verdankt seine Entstehung den Buchen. Z.B. Mariabuchen in Mainfranken/Spessart oder Maria Hilf im Altvatergebirge.

Das leicht rötliche Buchenholz ist hart, schwer und strapazierfähig. Es hat einen ausgezeichneten Brennwert und wird gerne zum Räuchern von Speck verwendet. Die jungen Blätter passen gut zu Frühlingssalaten und grünen Smoothies. Aus Blättern von Buche, Linde und Birke sowie Wildkräutern, wie Löwenzahn und Bärlauch, lässt sich auch ein köstliches „wildes" Pesto herstellen. Die Bucheckern wurden in Notzeiten als Kaffeeersatz verwendet und in Tirol backen Frauen noch heute einen Kuchen aus Bucheckern. Roh soll man Bucheckern nicht verzehren, da sie Blausäure enthalten und somit giftig sind und erst durch Erhitzen essbar werden. Bucheckern schmecken neben den Eicheln vor allem den Eichhörnchen. Als Wintervorrat vergraben sie die Früchte im Waldboden. Da das Eichhörnchen sehr vergesslich ist, bleiben einige Eckern im Boden und keimen im Frühjahr. So eine junge Baby-Buche wächst dann sehr langsam, da ihr das nötige Sonnenlicht zum Wachsen im Schatten der Mutterbuche fehlt. Über das Wurzelwerk und die Pilzfäden versorgt die Buche dann ihre „Kinder" mit dem notwendigen Wachstumsstoffen. Deshalb wird die Buche auch „die Mutter des Waldes" genannt und wenn wir Menschen nicht aus den (Ur-) Wäldern Forste gemacht hätten, wären hier in Mitteleuropa fast nur Buchenwälder. Eine nur einen Meter hohe Buche kann schon zehn Jahre und älter sein. An ihren Zweigen erkennen wir kleine dunkelbraune Rundungen. Indem wir diese durchzählen, können wir das Alter bestimmen.

Die Rinde ist dünn, glatt und leicht silbergrau. Erst im Alter von ca. 200 Jahren bekommt sie leichte Falten was sie aber nicht daran hindert weiter zu wachsen. Eine Buche kann 40 Meter hoch und leicht an die 400 Jahre alt werden. Die dichte Krone schützt die Rinde vor Sonnenstrahlen und Temperaturschwankungen. Eine 100-jährige Buche mit einem Kronendurchmesser von 15 Metern trägt an die 600.000 Blätter. Diese, neben einander ausgebreitet, würde eine Fläche von 1.200 Quadratmeter geben. Damit man sich das vorstellen kann: Auf einem Fußballfeld wären beide Strafräume mit Buchenblättern bedeckt. Oft sieht man in

Parks an einer Buchenrinde Herzchen und andere Zeichen eingeritzt. Diese sind noch nach Jahrzehnten auf der gleichen Höhe sichtbar, da ein Baum immer oben wächst. Unten am Stamm wird er dafür immer dicker und so platzt nach Jahren ihre Rinde.

Die Rotbuche gehört zu den Buchengewächsen, die Hainbuche jedoch zu den Birkengewächsen.

Hainbuche

Die Hainbuche gehört zu den Birkengewächsen und wird auch Hagebuche genannt und eignet sich bestens zur Umfriedung. Einen grobklotzigen, engstirnigen Mann nennt man in Norddeutschland „hagebüchen". In Süddeutschland dagegen ist es ein ausdauernder zielstrebiger Kerl, der Durchhaltevermögen besitzt. In beiden Fällen wird die Härte des Holzes zum Ausdruck gebracht.

Hainbuchen wachsen, im Gegensatz zu Rotbuchen, sehr schnell und können ein Alter von 150 Jahren erreichen. Sie stehen für Lebendigkeit und Frische. Hildegard von Bingen empfiehlt Menschen, die sich allzu oft müde und erschöpft fühlen, sich unter Hainbuchen auszuruhen. Die Vögel scheinen dies zu wissen, denn sie bauen ihre Nester gern in Hainbuchen-Hecken.

Europas größter zusammenhängender Buchenwald befindet sich im Isergebirge bei Hejnice in Tschechien.

Rotbuche

Hainbuche

Ahorn

Dem Ahorn wird nachgesagt, dass er mit seiner Heiterkeit böse Geister und Hexen vertreibt. Zum Schutz steckt man heute noch Ahornzweige an Türen und Fenster. Mit den zu Johanni (24. Juni) geernteten Zweigen bestrich man sich die Stirn, um düstere Gedanken und Kopfschmerzen zu verjagen. Kurzum, der Ahorn steht für Optimismus und gute Laune. Das Ahornblatt hat es sogar auf die Flagge der Kanadier geschafft.

Das helle feinporige Holz wird für unbehandelte Tischplatten verwendet. Selbst Rotweinflecken verschwinden nach einigen Tagen im Sonnenlicht.

Der legendäre Geigenbauer Antonio Stradivari baute seine Geigen aus Ahornholz. Die teuerste „Stradivari" wurde 2011 vom Auktionshaus Tarisio in London für 11 Millionen Euro versteigert.

Ahornblätter haben eine kühlende Wirkung und helfen bei Entzündungen und Insektenstichen. Bekannt ist der Ahornsirup, der durch Anritzen der Rinde gewonnen wird. Man macht das in der gleichen Weise wie bei der Birkensaftgewinnung (siehe Birke). Die jungen Blätter eignen sich als Salatbeigabe.

In unseren Breitengraden kommen vor allem der Feld-, Spitz- und Bergahorn vor. An den Blättern und Früchten erkennen wir den Unterschied. Zum Herbst hin verfärben sich die Blätter in ein leuchtendes Rot. Im Karwendelgebirge, im

Großen und Kleinen Ahornboden, unweit des Sylvenstein-Speichersees ist dieses Naturschauspiel zu sehen.

Berg-Ahorn   **Spitz**-Ahorn

Flach wie ein Feld

Feld-Ahorn

Kiefer

Wenn man sich den Baumstamm der Kiefer im unteren Bereich anschaut, sieht man keinen Unterschied zur Lärche. Doch je höher man schaut, desto rötlicher wird ihr Stamm. Die Kiefer ist nahezu der einzige Baum, der am astlosen Stamm zwei Farben zeigt. Die Baumkrone, mit ihren 2 bis 7 cm langen Nadeln ähneln einen aufgespannten Regenschirm. Als Bergkiefer (Latsche) finden wir sie auf bis zu 2000 Meter über Null.

In der Baumsymbolik stehen die immergrünen Kiefern für Bescheidenheit, Beständigkeit, Unsterblichkeit und langes Leben. Weitaus mehr als im deutschsprachigen Raum wurde dieser Symbolik in Asien Beachtung geschenkt, speziell in China, wo die Kiefer sehr häufig in Tempel-Anlagen und Gärten zu finden ist. In Osteuropa wird noch heute erzählt, dass die Nägel, mit denen Jesus ans Kreuz geschlagen wurde aus Kiefernholz gefertigt waren. Der Baum ist auch Symbol für Ausdauer und Wiederauferstehung. Schon im Altertum galt die Kiefer aufgrund ihres Samenreichtums als Sinnbild für die Fruchtbarkeit. Sie ist auch der Baum der Geburt und der Baum für Mutter und Kind. Es gibt Legenden, nach denen die keltischen Hebammen die Seelen der Kinder aus den Nadelbäumen holen.

Bekannt sind auch die „Kienspäne". Kienholz entsteht durch eine äußere Verletzung der Baumrinde, die er mit Harz verschließt. Nach einiger Zeit verhärtet das Harz, wird

kristallin und das Holz verkient. Hackt man den gefällten Stamm bei allen Rindenverletzungen in kurze Stücke, die man wiederum der Länge nach in dünne, lange Späne spaltet, so erhält man den Kienspan. Seit der Steinzeit bis in das 19. Jahrhundert hinein waren Kienspäne in Europa das wohl am weitesten verbreitete Beleuchtungsmittel. Der Kien gilt als älteste bekannte Grubenbeleuchtung. Älteste Funde vom keltischen Salzbergbau in Hallstatt stammen aus der Zeit von 1000 bis 400 vor Christus. Kienspäne wurden früher in Totenriten verwendet. Verstorbenen wurde ein Kienspan in die Hand gegeben, damit sie auf dem Weg durch das Tal der Toten ein Licht hatten.

Wasser

Oft haben wir das Glück, dass wir in einem Wald an einen Waldsee vorbeikommen. Gerade im Sommer eine willkommene Abkühlung. So ein Waldsee enthält Wasser. Also H_2O. Zwei Wasserstoffatome und ein Sauerstoffatom. Das ist nun nichts Neues und trotzdem ist Wasser überall verschieden. Doch immer bleibt es, chemisch gesehen H_2O.

Mein Freund, der Wastl Viellechner, sagte in einem Interview, dass Wasser ein Gedächtnis hat und erzählte mir unglaubliche Sachen. Ich recherchierte im Internet, las Bücher und unterhielt mich mit Fachleuten. Und jetzt wird es ganz spannend. Die Oberfläche unserer Erde besteht zu 70% aus Wasser, ebenso wie auch wir Menschen. Sogar das Verhältnis der Mineralstoffe im Meerwasser ist das Gleiche wie das Verhältnis der Mineralstoffe im Blut eines Menschen. So ist z.B. der Anteil an Kochsalz (NaCl, Natrium Chlorid) im Meerwasser und in unserem Blut exakt gleich und beträgt 3,5%. Ist das nur Zufall? Für Wolf-Dieter Storl nicht. Er sagt, dass alles Leben auf der Erde aus dem Wasser entsteht. Ein Embryo wächst ja auch im Wasser, im Fruchtwasser. Vor Millionen von Jahren sind wir als Lurche aus dem Wasser gekrochen. Deshalb auch die Ähnlichkeit zu den Fröschen und den Salamandern, die sich inzwischen drei Finger zugelegt haben. Wir Menschen und die Affen haben nun fünf Finger. Denn wir wollten nicht nur auf die Bäume klettern, sondern auch die Früchte greifen und pflücken. Bei den Kräuterführungen von Sebastian Viellechner muss jeder Teilnehmer an die Pflanzen greifen. Witzig sagt er dann: „Jetzt hast du es begriffen".

Zurück zum Wasser und zur zweiten Frage. Wie kam das Wasser auf unsere Erde? Hier gibt es keine wissenschaftliche Einigkeit. Manche Wissenschaftler glauben, von einem anderen Planeten, andere glauben, aus den schwarzen Löchern im All. Einzelne vermuten, dass das Wasser im Erdinneren entstand. Aber das sind eben alles nur Vermutungen. Auch gibt es keinen Wissenschaftler, der die sogenannte Anomalie des Wassers erklären kann. Es hat die größte Dichte und ist somit am schwersten bei +4 Grad Celsius. Wenn es kälter wird und dann auch gefriert, wird es leichter. Aber warum? Alles Fragen, die bis heute ungeklärt sind. Eines jedoch ist wissenschaftlich bewiesen. Wasser verändert seine Struktur. Der japanische Wissenschaftler Masaru Emoto führte mit Studenten einen Versuch durch. Er füllte Wasser in Gläser und forderte mehrere seiner Studenten auf, sich mit „Liebe" und „Dankbarkeit" auf das Wasser zu konzentrieren. Anschließend wurde das Wasser gefroren und die Eiskristalle untersucht. Unter einem Spezialmikroskop waren schöne symmetrische sechszackige Kristalle zu erkennen. In einem zweiten Versuch mussten die Studenten das Wasser in Gedanken beschimpfen. In diesem Versuch waren nur noch zerrissene verwaschene unharmonische Strukturen zu sehen. Masaru Emoto machte dann noch weitere solche Versuche und stellte dabei fest, dass es egal ist, in welcher Sprache das Wasser gelobt oder beschimpft wurde. Selbst ein beschriebener Zettel unter dem Glas beeinflusste die Struktur. Es ist also die reine Information, die das Wasser verändert. Ist das vielleicht der Schlüssel zur Erklärung der Wirkungsweise der Homöopathie? Hier wird zwar bei jedem Potenzierungsschritt die Ausgangssubstanz materiell verdünnt, ihre Information aber durch das Verschütteln weitergegeben. Zurück zu Masaru Emoto.

Harmonische Strukturen fand er bei „Liebe und Dankbarkeit". Zerrissene Strukturen bei „Hass, Neid und Missgunst". Das Wasser reagierte auch auf Musik. Harmonisch bei Bach und Mozart. Zerrissen bei Heavy Metall. Weitere Versuche zeigten schöne Strukturen bei „Mutter Theresa", kaputte Strukturen bei „Hitler". Schöne bei seichten Liebesfilmen im Fernsehen, unschöne bei Mord und Totschlag-Filmen. Deformierte Strukturen waren zu erkennen, wenn ein Handy in der Nähe war, wenn Menschen schimpften oder wenn ihre Gedanken von Neid, Wut und Aggression beherrscht waren. Aus Emotos Buch: Die Antwort des Wassers, Teil 1, Seite 20, möchte ich folgenden Absatz zitieren: „[…] Dieser Versuch hat uns gelehrt, wie wichtig doch die Worte sind, die wir täglich aussprechen. Sprechen wir positive Worte aus, so beeinflussen diese Schwingungen die Dinge zum Guten. Wenn man nun mit negativen Worten um sich wirft, führt es zur Zerstörung". In seinen Büchern, die ich sehr zum Lesen empfehle, hat er zahlreiche Fotos veröffentlicht. Einige habe ich auf der nächsten Seite abgebildet.[16]

Wenn das jetzt so stimmt, was Emoto und inzwischen zahlreiche Wissenschaftler bestätigen, dann denke ich wieder an die Worte vom „Wastl", dass Wasser ein Gedächtnis hat

---

[16] Buch: Die Antwort des Wassers, Masuro Emoto, Koha Verlag

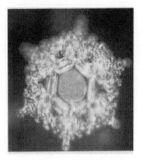 Liebe und Dankbarkeit

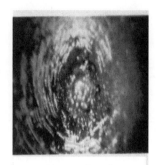 Dummkopf

 Mozart

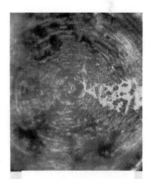 Heavy Metal

und er deshalb auch kein Fleisch von Tieren isst, von denen er nicht weiß, wie sie behandelt wurden. Denn auch die Tiere bestehen aus Wasser. „Das ganze Leid, das die Tiere in den Massentierhaltungen und in den Schlachthöfen durchlebt haben, ist im Fleisch und Fett gespeichert. Wir essen praktisch das Leid und die Qual der Tiere mit und verschmutzen uns selbst dabei", so Wastls Worte.

Wer den Einfluss der Gedanken auf das Wassers nicht glaubt, kann einen einfachen Selbstversuch durchführen. Benötigt wird dazu lediglich ein Voltmeter, das die elektrische Aktivität misst und das es schon ab 30 € im Baumarkt zu kaufen gibt. Die Dioden des Voltmeters werden in ein Glas Wasser gegeben und das Voltmeter zeigt die Spannung des Wassers im Millivolt-Bereich an. Denken wir nun an „Liebe und Dankbarkeit" stellen wir fest, dass sich der Wert verändert. Anschließend konzentrieren wir uns auf negative Gedanken. Der Wert verändert sich diesmal in den Plus-Bereich. Die Schwingungen unserer Gedanken übertragen sich auf das Wasser. Das gesündeste Wasser ist demnach im Minus-Bereich. Inzwischen wird an der TU-Tübingen und bei Facebook daran geforscht, wie wir nur mit Hilfe unserer Gedanken mit dem Computer kommunizieren können. Im Bayerischen Rundfunk wurde am 2.8.2019 darüber berichtet. Es wird also nicht mehr lange dauern bis dies Realität wird.

Nun zu den Pflanzen, die ja auch zum größten Teil aus Wasser bestehen. Pflanzen, denen wir wohl gesonnen sind, mit denen wir liebevoll reden und umgehen, wachsen somit eben besser. Mein Opa hatte also nicht unrecht, wenn er zu mir sagte, ich soll mit den Pflanzen reden. (siehe Artikel über die Brennnessel)

Wassergeister

Wasser, in Form von Tümpeln, Brunnen, Meeren und Seen, galt bei unseren Urvölkern als Zugang in die Totenwelt. Die verstorbenen Seelen zeigen sich oft den Fischern und Anglern als Nymphen oder Meerjungfrauen. Dies hat Goethe in seiner Ballade „Der Fischer" aus dem Jahr 1778 festgehalten.

Der Fischer

Das Wasser rauscht', das Wasser schwoll,
ein Fischer saß daran,
sah nach der Angel ruhevoll,
kühl bis ans Herz hinan.
Und wie er sitzt und wie er lauscht,
teilt sich die Flut empor;
aus dem bewegten Wasser rauscht
ein feuchtes Weib hervor.

Das Wasser rauscht', das Wasser schwoll,
netzt' ihm den nackten Fuß
sein Herz wuchs ihm so sehnsuchtsvoll,
wie bei der Liebsten Gruß.
Sie sprach zu ihm, sie sang zu ihm;
da war's um ihn geschehn.
Halb zog sie ihn, halb sank er hin
und ward nicht mehr gesehn.

Kaum etwas bringt die Männer so aus der Fassung, wie der Anblick einer Meerjungfrau. So auch den Fischer, der mit seiner Angel am Ufer sitzt.

Wie im Gedicht endet die Begegnung indem sie den Fischer in die Tiefe zieht. Sie lockt ihn mit dem Versprechen, dass es bei ihr schöner, kühler und eine wunderbare Welt sei.

Dass die Meerjungfrau ein weibliches Wesen darstellt, dessen Leib in einem Fischschwanz endet, ist eine Vorstellung jüngeren Datums. Sie stammt aus dem weltberühmten Märchen „Die kleine Meerjungfrau" des dänischen Schriftstellers Hans Christian Andersen. Im Mittelalter aber war die Meerjungfrau eine Schlangenfrau und in der Antike eine Vogelfrau.

Nach dem Glauben der Kelten und Germanen konnte sich die Erdgöttin Holda (Frau Holle) in einen Schwan und einen Storch verwandeln. Sie zieht die verstorbenen Seelen als Schwan in ihr Totenreich, und als Storch bringt sie Kinder, durch Kamine auf die Welt.

Weide

Die schnellwüchsige Weide ist ein Baum, voller Lebenskraft. Wird sie gestutzt, so treibt sie wie die Hasel immer wieder neu aus. Abgebrochene Zweige braucht man nur in den feuchten Waldboden stecken und schon wurzeln sie wieder an. Sie wächst schnell, doch genauso schnell vergeht sie. Zwischen festem Land und dem Wasser steht sie an der Schwelle zur Unterwelt. In der Symbolik wird die Weide mit Tod, Trennung und Trauer in Verbindung gebracht. Deshalb auch der Name „Trauerweide". Aber sie steht auch für die Wiederkehr und Blüte. Mit ihren „Kätzchen" (Palmkätzchen) blüht sie zwischen März und Ende April erst silbrig-weiß, dann mit goldenem Staub bedeckt. Auch in der Weide zeigt sich die jungfräuliche Pflanzengöttin Brigit. Der Baum blüht, zeigt aber keine Früchte.

Für ihre Fortpflanzung haben sich die Weiden etwas ganz Besonderes ausgedacht. Da die Weide nicht einhäusig ist, gibt es männliche und weibliche Bäume. Für die Bestäubung brauchen sie die Bienen. Nun müssen diese Bienen auch die Reihenfolge einhalten. Also zuerst den männlichen und dann den weiblichen Baum anfliegen. Damit das funktioniert, sendet die Weide verschiedene Duftstoffe aus. So fliegen die Bienen erst zum männlichen Baum und dann zum weiblichen Baum.

Das Wort „Weide" bedeutet so viel wie „biegen oder flechten" und noch heute werden Weidenruten zum Korbflechten verwendet. Mein Vater, der wie meine Mutter aus dem Altvatergebirge stammt, wohnte am Weidenbach, wo viele Weiden standen. Mit Begeisterung zeigte er mir, wie man verschieden große „Weidenpfeifla" (Weidenpfeife) herstellt. Er schnitt Zweigstückchen ab, klopfte mit dem Messerknauf solange auf die Rinde, bis diese sich abziehen ließ. Dann schnitt er ein 2 cm langes Mundstück aus dem rindenlosen Holzstück und kerbte es ein. Anschließend zog er über die beiden Holzstücke wieder die abgezogene, hinter dem Mundstück eingeschnittene Rinde. Dazu kam noch sein „Zauberspruch". „Pfeifla, willst du nicht geraten, schmeiß ich dich in Nachbars Garten". Dies gelingt aber meist nur im Frühjahr, wenn der Baum in vollem Saft steckt.

Fast jeder kennt das schmerzstillende Medikament Aspirin mit seinem Wirkstoff Acetylsalicylsäure. In der Weidenrinde ist dieser Wirkstoff in hoher Dosis enthalten, und ein Weiderindentee hat wesentlich weniger Nebenwirkungen als eine chemisch hergestellte Tablette.

Salix alba

Erntezeit

Somit sind wir wieder bei den Pflanzen und im Spätsommer angekommen. Jetzt erscheinen auch die ersten Beeren, die wir am Waldrand oder an Waldwegen entdecken. Dass die Beeren jetzt reif sind, hat nach altem Glauben seinen Grund in der Vereinigung der Pflanzengöttin Brigit mit dem Sonnengott Bel (siehe Kapitel Birke). Die Frucht der Pflanzengöttin können wir nun pflücken und genießen. Wieder flüstern mir die Elfen etwas zu. So hat man doch das Gerücht in die Welt gesetzt, dass man keine Waldbeeren essen soll, weil an den Beeren Eier des Fuchsbandwurms kleben können. Hat man sich mit dem Fuchsbandwurm infiziert, kann man sogar daran sterben. Doch statistisch gesehen wird man eher vom Blitz getroffen, wie der ehemalige Förster und Buchautor Peter Wohlleben sagt. Die Erreger befinden sich in der Losung – so nennt der Förster die Ausscheidung der Tiere – des Fuchses. Doch dieser wird seine Notdurft gerade in den stacheligen Rosengewächsen, wie Brom-, Him- oder Erdbeere, verrichten! Dann wäre er ja ein „dummer" Fuchs und kein „schlauer" Fuchs. Doch bleiben wir bei den Beeren.

In Wirklichkeit haben wir die Beeren nicht Brigit und Bel zu verdanken, sondern den Insekten, vor allem Hummeln und Bienen, die auf der Suche nach süßem Nektar die Pflanzen bestäuben.

Walderdbeere

Als erster Leckerbissen tauchen zumeist die Walderdbeeren auf, die mit ihren scharlachroten, aromatisch-duftenden Beeren zu den besten Früchten unseres heimischen Waldes gehören und an Geschmack der Gartenerdbeere weit überlegen sind. Als Kind war für mich eine Erdbeertunke aus frischen Walderdbeeren und kalter Milch eine paradiesische Götterspeise. Eine Legende sagt uns auch den Grund dafür: Einst soll das kleine, unscheinbare Sträuchlein nur ungenießbare Samenkörner gereift haben. Da ging eines Tages das Jesuskind durch den Wald und sah es stehen. Unbewusst sehnte es sich nach himmlischen Kostbarkeiten zurück, beugte sich nieder und küsste die schöne, weiße Blüte. Die Kraft, die damit Mariens Sohn ihr einhauchte, ließ daraufhin die köstlichsten Früchte reifen, die der Wald spendet.

Heidelbeere

Der bekannte Heidedichter Hermann Löns sang: „Jetzt woll'n wir Bickbeern pflücken gehen, in den grünen, grünen Wald". Die Bick-, Blau- oder Heidelbeeren, wie sie verschiedenen Ortes genannt werden, sind das Gesündeste, was der Wald für uns Menschen bereithält. Meine Mutter sagte: „Die Heidelbeeren heilen so ziemlich alles. Wenn die Heidelbeeren reifen, ging der Arzt von Lindewiese[17] in Urlaub, denn da war jeder „pumperlgesund". Bei Durchfall helfen getrocknete Beeren, denn sie wirken stopfend und entzündungshemmend. Bei Verstopfung nimmt man frische Beeren mit etwas Zucker und die Verdauung ist schnell wieder in Ordnung. Die Blätter beseitigen Blasenkatarrhe, desinfizieren und wirken wassertreibend.

---

[17] Wohnort meiner Mutter im Altvatergebirge – heute Lipova Lazne Tschechien

Preiselbeere

Meist lebt in Gemeinschaft mit der Heidelbeere die hochgeschätzte Preiselbeere. Das Kreuzlein auf der Beere gab Anlass zu verschiedenen Deutungen. Eine Legende wusste zu berichten, dass sie nicht Gott selbst, sondern sein Widersacher, der Teufel, im Zorn nach dem Vorbild der Heidelbeere geschaffen habe. Er gab ihr seine rote Farbe und stattete sie reichlich mit Gift aus. Wer die Beere aß, war mit Leib und Seele dem Satan verfallen. Gott durchkreuzte, im wahrsten Sinne des Wortes, des Teufels Tücke und setzte auf jede Beere als Zeichen des Heilens ein Kreuzchen, welches ihr das Gift nahm. So wurde sie eine Lieblingsbeere der Menschen, besonders hochgeschätzt zu Wildbraten oder Wiener Schnitzel. In Tirol heißt sie auch Muttergotteskirsche.

Die Blätter heilen mit ihrem wirksamen Gerbstoff Entzündungen der Harnwege.

Brombeere

Wohl ziemlich die letzte Delikatesse im Jahreskreislauf des Beerenobstwaldes schenkt uns die Brombeere, wegen ihres stacheligen Gewandes auch „Kroatzbeere" genannt. Die Brombeere ist eine der größten Beerenfrüchte in unserem Wald. Sie war schon im Altertum ein beliebtes Nahrungs- und bewährtes Heilmittel. Tee von getrockneten Blättern desinfiziert und heilt Durchfall.

Im Goethes „Faust" wollen schadenfrohe Wasserträgerinnen Brombeergestrüpp vor die Tür streuen. Brombeeren waren als „wilde" Früchte Symbole für „sündhafte" Liebe und uneheliche Kinder.

Himbeere

Schon in der Steinzeit galt die Himbeere als wichtige Obst- und Heilpflanze. Sie enthält, neben Vitamin C, Kalium und Calcium, eine große Menge an Antioxidantien, welche unseren Körper vor freien Radikalen schützen. Aus den getrockneten Blättern kann man einen Tee zubereiten, der bei Entzündungen im Mund- und Rachenbereich hilft.

Botanisch gesehen, gehört die Himbeere nicht zu den Beeren, sondern zu den Steinsammelfrüchten. Ihre Stacheln weisen auf ein Rosengewächs hin. Der Name Himbeere leitet sich von dem althochdeutschen Ausdruck Hintperi ab und bedeutet „Beere der Hirschkuh".

Heckenrose / Hagebutte

Wer kennt nicht die schützende Dornenhecke, in der das schöne Dornröschen schlafen musste, bis der richtige Prinz kam, die dornige Sperre überwand und die Schöne wachküsste. Somit bildet die Heckenrose das Gegenstück zum Brombeerstrauch und war Sinnbild der reinen, unschuldigen Liebe. Maria, die Mutter Gottes, wurde oft „im Dornenhag" gemalt.

Die Sammelfrüchte der Heckenrose, die Hagebutten, haben den größten Vitamin-C-Gehalt und sind daher besonders geschätzt und gesund. Hagebutten zu sammeln ist eine recht dornige Angelegenheit, aber was man schwer erringen muss, hat von jeher den größten Wert.

Die Biene

Eine Studie der Entomologische Verein Krefeld Gesellschaft, kommt man zu der Erkenntnis, dass sich zwischen 1989 und 2014 der Insektenbestand in Deutschland um bis zu 80 % verringerte. Der große Volksentscheid „Rettet die Bienen" im Januar 2019 in Bayern, an dem sich 18,4 % der Bevölkerung beteiligte, setzt die Politik nun unter Druck, mit geeigneten Gesetzen dem entgegenzuwirken.

Hier unterscheiden wir Wildbienen, zu denen auch die Hummeln gehören, und unsere Honigbienen. Bienen ernähren sich rein vegetarisch, und ihre wichtigste Nahrungsquelle sind Pollen und Nektar, die sie als Nahrung für ihre Brut benötigen. Da Bienen zur Erhaltung von Wild- und Kulturpflanzen und deren Erträgen beitragen, ist ihre ökologische Bedeutung beträchtlich. Bienen sind die wichtigsten Bestäuber unserer Pflanzen.

Um ihre Waben steril zu halten, verkleben die Bienen den Eingang des Bienenstocks mit Harz und Speichel. Wir kennen es als Propolis. „Polis" ist die Stadt und „pro" der Eingang. Also der Eingang zur Stadt, zu den Waben der Bienen. Eigentlich müsste es „Beschützer der Stadt" heißen. Propolis schützt den dunklen Bienenstock (daher kommt das Wort: Stockdunkel) vor Bakterien, Viren und Pilzen. Auch für uns Menschen ist es ein gutes Heilmittel, welches eine antientzündliche, wundheilungsfördernde Wirkung hat und für die Imker noch wertvoller als Harzsalbe ist.

Waldboden

Im Gegensatz zu den Honigbienen leben die Wildbienen in Baumhöhlen oder im Waldboden. Das ist auch gleich eine Gelegenheit uns den Waldboden genauer zu betrachten.

Der Wald besteht ja nicht nur aus Bäumen, Sträuchern und anderen Pflanzen, sondern auch aus dem humusreichen Waldboden. Und jetzt wird es wieder richtig interessant.

Wir haben schon gehört, dass ein Teelöffel Humus ca. vier Millionen Bakterien und ca. eine Million Viren enthält. Humus entsteht, weil Bodenlebewesen vermodertes Laub, Zapfen der Nadelbäume, Eicheln und abgestorbene Pflanzenteile verarbeiten. In diesem Humus befinden sich dünne Pilzfäden, die mit bloßem Auge nicht zu sehen sind. Die Biologen bezeichnen sie als „Hyphen". Sie verbinden

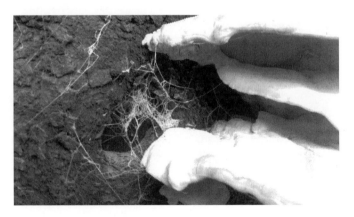

sich mit den Wurzeln der Bäume und Pflanzen. Diese Verbindungen heißen bei den Wissenschaftlern Mykorrhiza und sind nicht nur für die Gesundheit der Pflanzen, sondern auch für uns Menschen von Vorteil. Denn an ihnen hängen

Millionen von Bakterien. 2010 untersuchte die Immunologin Xiaoyan Yang[18] diese Bodenbakterien und kam zu der Erkenntnis, dass der regelmäßige Kontakt mit Bakterien aus der Natur alles andere als schädlich ist. Da Stadtbewohner nur selten damit in Kontakt kommen, leiden sie, nach einer Studie der Universität Lodz, dreimal häufiger an Allergien als Landbewohner. An Asthma sogar achtmal häufiger. In mehreren medizinischen Studien ist belegt, dass der Kontakt mit dem Waldboden sogar bereits bestehende Allergien und Autoimmunerkrankungen wie die Schuppenflechte lindert. Dazu zitiere ich den Biologen Clemens G. Arvay aus seinem Buch „Biophilia in der Stadt."

„… *Hinzu kommt ein völlig falsches Hygieneverständnis. Dass Kinder nicht mehr „dreckig" werden oder im Matsch spielen dürfen, ist nicht etwa gut für sie, sondern wirkt sich negativ auf ihre Gesundheit aus. […] Wir sollten unsere Kinder in Kontakt mit der Erde und gesunden Böden kommen lassen, damit ihr Immunsystem geschult und trainiert wird. Das ist vor allem in der frühen Kindheit wichtig, denn in dieser Zeit ist das Immunsystem besonders lernfähig…"*

Dem, denke ich, ist nichts mehr hinzuzufügen.

Bleiben wir bei den Pilzen. Deren Fruchtkörper, die wir als „Hüte" sehen, sind der Teil der Pilze, den wir essen. Aber die eigentliche Aufgabe der Fruchtkörper ist es für „Nachwuchs" zu sorgen, in dem ihre Sporen verbreitet werden. Von diesen Pilzen gibt es essbare, ungenießbare und leider eben auch

---

[18] Clemens C. Arvay, Buch „Biophilia in der Stadt", Seite 45

giftige. Deshalb bitte nur die Pilze ernten, die man 100-prozentig kennt.

Steinpilz

Einer der beliebtesten Speisepilze ist der Steinpilz. Er wächst meist in Nadelwäldern und ist demzufolge bei uns oft unter Fichten und Kiefern zu finden. Es gibt erfahrene Pilzsucher, die genau die Plätze kennen, wo sie fündig werden. Schon in aller Früh, noch vor Tagesanbruch, durchstreifen sie den Wald, um als erste den über Nacht aus dem Boden geschossenen Pilz ernten zu können.

Schneiden wir den Steinpilz der Länge nach durch, sehen wir sein weißes Fleisch. Selten kann es vorkommen, dass es leicht ins Strohgelbliche geht. Unter der Huthaut kommen oft rötliche oder rosa Töne hervor. Er hat einen angenehmen Pilzgeruch und wächst, meist unter einer Fichte, von Juli bis in den Spätherbst.

Somit sind wir nun im Herbst angekommen.

Herbst

Frau Holle ist inzwischen eine alte greise Frau geworden. Sie zieht sich langsam in ihre Unterwelt, ins Totenreich, zurück. Zu sehen sind nur noch vereinzelte graue Haarfäden der Frau Holle, die in der Sonne schimmern. Es ist Altweiber-sommer und wir nähern uns immer mehr dem rauen und meist nebligen November. Die Kelten sahen an diesen Tagen den düsteren Totengott Samana, der mit seinen Totengeistern daher brauste. Holle und Samana ziehen die Verstorbenen mit sich in die Unterwelt, ins Totenreich. Jetzt wird das Fest „Halloween", welches im englischen „all hallows' eve" heißt und „aller Heiligen Abend" bedeutet, gefeiert. In der christlichen Kultur hat man das Fest als „Allerheiligen" übernommen und feiert es am 1. November.

Zu dieser dunklen Zeit passt der giftige Fliegenpilz, den wir oft in Nadelwäldern aber auch unter Birken finden.

Fliegenpilz

Der Fliegenpilz erscheint zuerst als weißer Pilz mit einem Ring am Stiel. Mit der Zeit platzt die weiße Haut der Haube und es tritt die rote Farbe hervor. Vereinzelt bleiben weiße Punkte erhalten. Am liebsten wächst er unter Birken.

Der Fliegenpilz hat eine enge Beziehung zur Unterwelt und zieht in die Tiefe, in die Stille bis zum Licht der Toten- und Wintergöttin Frau Holle.

Die Giftstoffe des Fliegenpilzes wirken berauschend. Die Schamanen in Sibirien[19] aßen den Pilz und versetzten sich ins Delirium, um mit den Göttern Kontakt aufzunehmen. Sie flogen in eine andere Welt. In Sibirien waren die Fliegenpilze sehr kostbar und nur den Reichen vorbehalten. Auch die Rentiere verzehrten den Fliegenpilz und torkelten. Nach dem

Glauben der Bevölkerung flogen sie über den Himmel und zogen einen Wagen, indem ein weißbärtiger Mann in rotem

---

[19] Ebenso die Azteken

Gewande saß. Deshalb wird der Weihnachtsmann mit einem Rentiergespann abgebildet.

Die roten Nasen und Backen der Rentiere und des Weihnachtsmannes, wie er heute dargestellt wird, deuten auf den Rauschzustand hin. Auch die germanische Mythologie erzählt uns, dass sich Wotan von einem Pferdegespann in einem großen Wagen (es ist der im Sternengebilde uns bekannte Große Wagen, auch großer Bär genannt, der in 24 Stunden um den Polarstern kreist) durch himmlische Gefilde ziehen ließ. An der Stelle, wo Speichel aus dem Maul der Pferde tropft, schießen nach neun Monaten Fliegenpilze aus dem Boden.

So kam es, dass die ärmeren Leute den Urin der Rentiere auffingen und tranken, um die gleichen Rauschzustände zu erfahren. „Auf diese Weise haben sie dann auch diese Rauschzustände bekommen", erklärt Reinhart Agerar, Professor für Mykologie an der Ludwigs-Maximilians-Universität in München.

Der Fliegenpilz kommt häufig in Märchen und Sagen vor, wo er als Einfallstor in eine verborgene Welt gilt, die die Wirklichkeit übersteigt. Zwerge mit ihren roten Mützen, Kobolde, Feen und Elfen wohnen und spielen unter dem Fliegenpilz. Mit seinem roten Dach und den weißen Tupfen gilt er als Glückssymbol und er ist auf zahlreichen Glückwunschkarten und Geschenkpapier zu sehen. Auch andere Dinge designen Künstler. So begegnet er uns als Regenschirm, Nachtischlampe, Salzstreuern und in Begleitung von Gartenzwergen.

Fliegenpilz mit weißem Ring

Rotrandiger Baumschwamm

Der Rotrandige Baumschwamm siedelt auf verwundeten und abgestorbenen Bäumen aller Art, vor allem aber auf Buchen und Fichten. Dabei wandert er ins Holz und frisst die Zellulosefasern. In der Folge zerbröselt der Stamm innerlich zu braunen Würfeln und zerfällt. Ein perfektes Abfallwirtschaftssystem.

Als Heilpilz war er bei den Cree-Indianern weit verbreitet. Er soll bei Fieber, chronischen Durchfällen, Kopfschmerzen und Erkältungen helfen.

Reh

Ein typischer Waldbewohner und die kleinste Hirschart ist das Reh. Auf einen Quadratkilometer Wald befinden sich an die 50 Rehe, von denen der Wanderer nur sehr wenige sieht. Das Reh ist ein wahrer „Versteckkünstler", wie der bekannte Förster und Buchautor Peter Wohlleben schreibt.[20] Wenn sie sich gestört fühlen, hört man ihr hundeartiges Bellen. Eine Besonderheit bei der Ricke, dem weiblichen Reh, ist ihre Eiruhe. Nach der Paarung mit dem Bock Ende Juli entwickelt sich ihr befruchtetes Ei erst im November. Da hat die Natur vorgesorgt, denn sie will nicht, dass die Kitze in der kalten und nahrungsarmen Winterszeit auf die Welt kommen. Die Geburt der Kitze erfolgt dann im vegetationsreichen Frühjahr. Das bekannteste Kitz ist wohl „Bambi". Die Lebensgeschichte des jungen Rehs aus dem Wald von Felix Salten wurde 1942 von Walt Disney verfilmt, wobei er aus den Rehen die den Amerikanern vertrauten Weißwedelhirsche machte. So kam es zu der fälschlichen Annahme, dass das Reh die Frau vom Hirsch sei.

Hirsch

Die Frau vom Hirsch ist die Hirschkuh, deren frühere Bezeichnung Hinde war. In eine Hinde verwandelte sich gelegentlich die Lichtjungfrau und Pflanzengöttin Brigit. Bei den alten Völkern wurde der Hirsch, wie der Bär, ganz besonders verehrt und als pflanzenkundig angesehen. Im Hirsch zeigt sich der keltische Sonnengott Bel (Belenos) und

---

[20] Buch: Wohllebens Waldführer, Ulmer Verlag

begleitet die Pflanzengöttin bis in den Herbst hinein. Um Dämonen zu vertreiben wurden Hirschgeweihe aufgehängt. Auch heute sehen wir noch vereinzelt in alten Dorfgaststätten gewaltige Geweihe. Aufgrund des jährlichen Abwurfes nach der Paarungszeit und Neuentwicklung seines Geweihs ist der Hirsch Symbol der Auferstehung und Erneuerung. Da sich der Hirsch ausschließlich von Pflanzen ernährt gilt er als besonders reines Tier. Hildegard von Bingen verweist auf die heilende und reinigende Wirkung von Hirschfleisch.

In der Heiligenlegende des Hubertus von Lüttich wird von seinen Begegnungen mit Hirschen erzählt, in deren Geweih ein Kruzifix erschien. Daraufhin wurde er zum Patron der Jäger, und am 3. November wird sein Namenstag gefeiert.

Lärche

Die Lärche gehört zu den Kieferngewächsen und ist der einzige Nadelbaum, der seine Nadeln im Herbst abwirft. Sie kann ein Alter von 600 Jahren erreichen. Sie wächst sehr langsam, deshalb hat sie ein sehr dichtes und schweres Holz. Das gilt für alle Bäume, die langsam wachsen. Denken wir an die Buche oder Eiche. Das harzreiche schwere Holz ist sehr witterungsbeständig und wird für Fenster, Brücken, Schindeln und Fußböden verwendet.

Schon die Römer kannten die Lärchensalbe, die aus dem antibakteriell wirkenden Harz hergestellt wird (siehe Kapitel: Baumharz).

Kleingehackte Nadeln können roh gegessen werden und eignen sich zu Salaten. Der leicht säuerliche Geschmack kommt von der, in den jungen Nadeln enthaltenen Ascorbinsäure (Vitamin C).

Um Hexen vom Haus fernzuhalten, wurden im alpinen Raum zu Walpurgis (20. April) Lärchenzweige an Türen und Fenstern angebracht. Die Lärche schützt vor bösen Geistern, Feuer und Blitzschlag. In der sibirischen Mythologie wurde sie als Weltenbaum verehrt und galt als heilbringend. Waldfeen und heilige Frauen, so erzählen Sagen, geben sich unter Lärchen zu erkennen.

Eiche

Die Eiche gehört zu den Bäumen, die im Herbst als letztes die Blätter abwerfen. Wenn überhaupt. Oft sieht man Eichen, die über den Winter noch ihre Blätter an den Zweigen haben. Das kann gefährlich für den Baum werden. Durch die größere Angriffsfläche kann der Schnee seine schweren Äste und Zweige abbrechen. Doch die Eiche sagt sich: „Ich bin so stark, ich schaffe das schon". Die Eiche als ein Flach- und Tiefwurzler erreicht mit ihren flachen Wurzeln das Regenwasser, mit ihren tiefen Wurzeln das Grundwasser. Oft steht sie gerade dort, wo sich Wasseradern kreuzen. Wasser zieht die Blitze an und so hat bei Gewitter der bekannte Spruch schon ein wenig seine Gültigkeit. „Eichen sollst du weichen, Buchen sollst du suchen".

Die Eiche wird bis zu 40 Meter hoch und kann zwischen 400 und 1000 Jahre alt werden. Schon in jungen Jahren ist die Rinde tief gefurcht. Das Holz ist besonders widerstandsfähig, hart, witterungsfest und hat eine lange Haltbarkeit. 5000 Jahre alte Funde von Pfahlbauten aus der Steinzeit gibt es in Unteruhldingen am Bodensee zu sehen. Wegen ihrer Gerbsäure, die sie vor Fressfeinden schützt, ist die Rinde der Eiche in der Volksheilkunde geschätzt. So helfen Sitzbäder und Umschläge mit Eichenrindenwasser bei Hautirritationen, Fußpilz und Blasen- und Scheidenentzündungen.

Rezept:

Man nimmt ca. 100 Gramm Rinde und lässt sie in einem Liter Wasser 10 Minuten köcheln und anschließend einen Tag ziehen. Für ein 15-minütiges Sitzbad wird die Abkochung in warmes Wasser gefüllt. Bei Umschlägen verwendet man gleich die Abkochung.

Der keltische Druide ist ein „Eichenkundiger", und für die Germanen war die Eiche der heilige Weltenbaum. Ein Symbol für Langlebigkeit, Macht, Standfestigkeit, Männlichkeit und dem blitzschleudernden Himmelsgott Wotan und Odin zugeordnet. Bei den Griechen war es Zeus, bei den Römern Jupiter, bei den Kelten Thor und bei den Germanen Donar. Dies passte dem christlichen Missionar Bonifatius gar nicht und er entschloss sich, im nordhessischen

Heinrich Maria von Hess - Reinhard Barth: Mittelalter

Ort Geismar (heute ein Ortsteil von Fritzlar) eine Eiche zu fällen.

Die zahlreichen Anwesenden erwarteten gespannt die Reaktion der germanischen Gottheit Donar. Dass diese ausblieb, beeindruckte sie tief. Mit der Fällung der Eiche wollte Bonifatius die Überlegenheit des Christentums über alte Götter und Kulte demonstrieren. Aus dem Holz der Eiche ließ er ein dem hl. Petrus geweihtes Oratorium bauen. Aufgrund seiner umfangreichen Missionstätigkeit im damals noch überwiegend nicht christlichen Germanien wird er seit dem 16. Jahrhundert von der Katholischen Kirche als „Apostel der Deutschen" verehrt und somit wurde die Eiche zum Nationalbaum der Deutschen.

Die Kirche hat die „heilige" Eiche unserer Vorfahren umgewidmet und ehrt damit Maria. So gibt es auch hier einige Wallfahrtsorte, mit Bezug zur Eiche: z.B. Maria Eich in Planegg, Hoheneich oder Eichsfeld. Und viele Ortschaften haben die Eiche in ihrem Namen: z.B. Eichstätt, Aich oder Aichach.

In unseren Wäldern kommt vornehmlich die Stiel- und Traubeneiche vor. Bei der Stieleiche hängt die Eichel an einem Stiel, ca. 5 cm vom Zweig entfernt, während sich die Eicheln der Traubeneiche in „Trauben" direkt am Zweig befinden. Im Herbst wurden die Schweine in den Wald getrieben, damit sie sich mit den Eicheln mästeten. Die Kelten, als große Schweinefleischliebhaber, verhängten sogar die Todesstrafe für das Fällen der Eichen.

Schwein

Die Kelten glaubten, dass sich die Götter gerne im Schwein verkörpern. Deswegen sahen sie in dem lebensfrohen Schwein ein göttliches Wundertier. Teutates, der Gott über Leben und Tod, nahm öfter die Gestalt eines Ebers an. Ebenso nahm Vishnu, der Erhalter des Universums in der indischen Mythologie, die Gestalt eines Wildebers an, um die Erde, die ein mächtiger Dämon im Meer versenkt hatte, wieder aus dem Schlamm des Urwassers herauszustoßen.[21] Schweinehirten hatten in der keltischen Zeit den höchsten Rang. Der heilige irische Missionar Patrick war in jungen Jahren so ein Schweinehirte. Seit Asterix und Obelix wissen wir auch, dass Schweinefleisch die Lieblingsspeise der Gallier (ein keltischer Stamm) war. Ein angenehmes Leben ohne Kummer, Gastfreundschaft und Glück, dies symbolisiert der Schweinebraten. Bei ganz besonderem Glück hat man einfach „Schwein gehabt" und um viel Glück im Neuen Jahr zu haben, gibt es ein Marzipanschweinchen.

Heute wird wohl keiner das Schwein bzw. den Schweinebraten mit den positiven Symbolen der Kelten gleichsetzen. Die Schweine, wie auch Rinder, Hühner und Puten, werden in Massentierhaltung mit wachstumsförderndem Futter gemästet, mit Antibiotika vollgespritzt und zu „schlechter" Letzt wird ihnen noch der Schwanz abgeschnitten. Elend und Leid, Profit und „Geiz ist Geil", das sind derzeit die Symbole des Schweins. Im wahrsten Sinne des Wortes, eine „arme Sau!".

---

[21] Storl: Buch: Pflanzen der Kelten, Seite 262

Walnuss

Der Walnussbaum stammt ursprünglich aus dem Balkan von Kleinasien und wurde im 1. Jahrhundert nach Christus durch die Römer in unsere Breiten gebracht. Schließlich wollten die Römer nicht auf ihre gewohnten Nahrungsmittel verzichten. Walnussbäume fangen erst im Alter von 10-20 Jahren an zu tragen. Die Nuss ist sehr energiereich und gesund. Heißt es nicht, dass Nüsse gut für das Gehirn sind? Schauen wir uns doch mal die Walnuss genauer an (siehe Bild). Gleicht nicht die harte Schale dem menschlichen Gehirn? Wenn wir die Schale knacken, sieht da nicht die Frucht wie ein menschlicher Dickdarm aus? Das Sprichwort: „Ich habe aus dem Bauch heraus entschieden", erinnert uns an das „Bauchhirn".

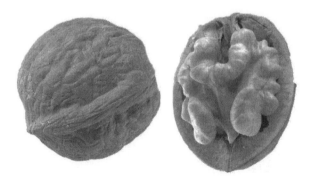

Das hängt mit den Signaturen der Pflanze zusammen, die von der Wissenschaft als Folklore bezeichnet wird. Doch bei den alten Völkern wurde immer auf die Signatur geachtet. Wolf-

Dieter Storl, schreibt in seinem Buch[22]: „Die Indianer suchen wurmförmige Wurzeln als Wurmmittel, behaarte Pflanzen bei Haarausfall, milchige zur Milchbildung, rötliche bei innerer und äußerer Blutung, Kräuter mit gelben Blüten bei Gelbsucht und Lebererkrankungen und bittere Kräuter bei Gallen- und Verdauungsbeschwerden. Man mag darüber den Kopf schütteln, doch fast immer stimmt die Indikation".

Eines jedoch ist sicher. Die Nüsse gehören zu den gesündesten Nahrungsmitteln und galten in der griechischen, römischen und germanischen Mythologie als „Speise der Götter". Deshalb verschenkt der Heilige Nikolaus am 6. Dezember neben Äpfeln traditionell Nüsse an alle Kinder.

---

[22] Pflanzen der Kelten, Seite 101

Winter

Es ist Winter geworden. Die Kühe sind von der Weide geholt und stehen im Stall und meditieren. Es beginnt die Stille Zeit. Frauen treffen sich mit ihrem Spinnrad. Beim Spinnen werden Neuigkeiten erzählt, Kochrezepte ausgetauscht, Kräuter- und Heilwissen weitergegeben und Weisheiten diskutiert. Doch bei diesem „Ratsch" wird auch der eine oder andere Unsinn, der im Dorf dann schnell seine Runde machte, von sich gegeben. „Die spinnen doch", hieß es dann. Ein Mensch der viel „Quatsch" von sich gibt, ist ein „Spinner". „Quatsch" kommt vom Frosch, der wie ein kleines Kind „quengelt" und „quakt". Der Frosch gilt als Fruchtbarkeitssymbol. Der Storch holt den Frosch, die Kinderseele, aus dem Wasser und bringt ihn zu den Eltern. Dann sitzt der Storch auf dem Kamin und verkündet das Ereignis mit großem Geklapper. Noch heute ist es der Brauch, einen aus Holz geschnitzten „Klapperstorch" in den Garten zu stellen, wenn ein Baby auf die Welt gekommen ist.

Die Männer vertreiben sich in den langen Winternächten ihre Zeit mit Reparaturarbeiten, Schnitzereien oder dem Besenbinden, wozu die unter dem Jahr gesammelten Birkenruten verwendet werden. Im Kapitel der Birke haben wir schon gehört, dass dieser Baum für die Reinigung steht. Mit dem Birkenbesen lässt es sich besonders gut kehren und außerdem werden die bösen Geister aus Stall und Stube gefegt.

Für meine Mama war in ihrer Kindheit die Winterzeit, die stille Zeit, die schönste Zeit. Nach Einbruch der Dunkelheit ging sie mit ihrer Schwester zur Großmutter, die ihnen bei Bienenwachs-Kerzenlicht Märchen erzählte oder Geschichten aus der Bibel vorlas. Gibt es noch Omas, die das heute machen?

Auch im Wald ist es still geworden. Der Bär und der Igel befinden sich bereits in der Winterruhe und das Eichhörnchen und der Eichelhäher suchen ihre im Herbst versteckte Nahrung.

Eichelhäher

Der bis zu 35 cm große Eichelhäher vergräbt, wie das Eichhörnchen, die Eicheln als Winternahrung. Dabei passt er genau auf, dass er nicht beobachtet wird. Man könnte ihm den Vorrat stehlen. Nur ist der Eichelhäher nicht so vergesslich wie das Eichhörnchen. Für seinen Wintervorrat vergräbt er an die 10 000 Eicheln, die er bei Bedarf sofort findet. Er landet an der besagten Stelle und mit einem gezielten Schnabelhieb holt er sich seine Eichel. Doch nicht alle Eicheln, die er vergraben hat, braucht er für seine Winternahrung und so keimen die nicht gebrauchten Eicheln im Frühling aus. Er gilt als Förster und Polizist im Wald. Mit seinem lauten krächzenden Rätschen warnt er vor Feinden. Sogar andere Tierlaute, wie z.B. die der Katzen oder Bussarde, kann er imitieren.

Eichhörnchen

Das Eichhörnchen dagegen, das können wir oft beobachten, springt von der einen Stelle zur anderen und gräbt mal hier und mal dort. Es sucht ihre, als Wintervorrat, vergrabenen Eicheln. Durch seine Vergesslichkeit bleiben viele Eicheln vergraben und beginnen im Frühjahr zu keimen. Die Eichhörnchen können ausgezeichnet klettern und springen. Dabei hilft ihr buschiger Schwanz die Balance zu halten. Ihr Nest bauen die Hörnchen in großen Reisigkugeln oder in Baumhöhlen, auch Kobel genannt werden, die sie innen mit Moos auspolstern. Übrigens, hat das Eichhörnchen seinen Namen nicht von den Eicheln, sondern vom altdeutschen Wort „eik" was wendig, flink oder schnell bedeutet, wie mir der Buchautor Wolfgang Schreil, genannt „der Woid-Woifi", aus dem Bayrischen Wald erzählte. In seinem Buch „Zurück zur Natur" beschreibt er wie er verletzte Eichhörnchen pflegt und dann wieder in die Natur aussetzt. „Immer wieder kommen sie dann an meine Hütte und besuchen mich", sagte er ganz stolz.

Misteln

Misteln sind Schmarotzer, deren klebrige Samen an den Krallen der Vögel bleiben und so auf Laubbäume, vor allem Eichen und Birken, übertragen werden. Dort wächst die immergrüne Mistel mit ihren weißlichen kugeligen Früchten auf den Ästen. Misteln sind sehr heilkräftig und werden seit 100 Jahren in der Krebstherapie eingesetzt. Unser alter Druide aus den Asterix Heften wusste um deren Wirkung.

Mistelzweige schnitten die Germanen vor Winteranfang als Glücksbringer. Noch heute werden Mistelzweige an die Haustür gehängt, zum Schutz vor Geistern. Aus England stammt der Brauch, dass man sich unter einem Mistelzweig öffentlich küssen darf, was sonst nicht erlaubt war. Wer sich unter einem Mistelbaum küsst, wird und bleibt ein glückliches Paar.

Weniger glücklich sind die Bäume, auf denen Misteln wachsen. Sie entziehen den Baum Wasser und Nährstoffe, wie auch der Efeu.

Efeu

Der Efeu ist eine Liane, die mit ihren Haftwurzeln an Baumstämmen oder Gemäuern bis zu 20 Metern nach oben klettert. Sie ist ein Relikt der Kreidezeit und es gab sie somit schon vor 100 Millionen Jahren. Die immergrüne Pflanze mit ihren ledrigen Blättern übersteht den härtesten Winter und war demzufolge dem Wintergott Samain geweiht. Zu seinen Ehren schmückten die Kelten zur Wintersonnwende ihre Wohnungen mit Efeu. Für die Christen war er das Symbol des Todes und der Auferstehung. So soll man den Efeu nicht ins Haus bringen, da es Unglück bringe, das Eheglück zerstöre und die Tochter unverheiratet bleibe.[23] In der Provence legte man verstorbenen Jungfrauen Efeu auf den Sarg. Auch auf Gräber wird oft Efeu gepflanzt.

Zu den Inhaltsstoffen des Efeus gehören auch die Saponine (lat. sapor = Seife). Deshalb kann man die Blätter als Waschmittel benützen (Eine Handvoll Blätter in ein Netz legen und dieses in die Waschmaschine zur dreckigen Wäsche geben). In einem Test der Fernsehsendung „Querbeet" entfernte der Efeu sogar Kaffee- und Erdeflecken.[24]

---

[23] Storl, Pflanzen der Kelten, Seite 331
[24] Bayerischer Rundfunk, 25.11.2019

Tanne

Die Tanne, die Königin unter unseren heimischen Bäumen, steht für ein ewiges Leben, Treue, Würde und ganz besonders für das Licht. Heute ist es besonders die Nordmanntanne, die als klassischer Christbaum gilt. Der Brauch weist auf die vorchristliche Zeit, denn schon immer holten sich Menschen im Winter grüne Pflanzen ins Haus. In der dunkelsten Stunde, zur Wintersonnwende, feierten schon die Kelten mit ihnen die Wiedergeburt des Lichtes. Von den Christen wurden diese Lichtkulte aufgegriffen und schließlich übernommen. 1539 stand im Straßburger Münster der erste Christbaum, um diesen heidnischen Glauben in geordnete Bahnen zu bringen. Da ist es selbsterklärend, dass die Geburt Jesu, als Licht der Welt, in diese Zeit gelegt wurde (siehe Kapitel: Wintersonnwende).

Geschmückt und behängt wurden die Bäume mit Strohsternen, Äpfeln, Nüssen und zwölf Kerzen (für jeden Monat eine Kerze).

Heute stehen an die 29 Millionen Christbäume zu Weihnachten in unseren Wohnungen.

Fichte

Der Baum, der in allen Jahreszeiten grünt und bei uns am häufigsten vorkommt, ist die Fichte. Betrachten wir die Fichte etwas genauer. Sie gehört zu den Nadelbaumgewächsen und hat ihr Ursprungsgebiet in den nördlichen kalten Regionen, wie die Taiga. Ihre Blätter gleichen Nadeln und diese sind so spitz, dass sie stechen. Die Tiroler dichteten: „Die Fichte sticht, die Tanne nicht". Die Rinde ist braun bis graubraun und ähnelt den Schuppen eines Fisches. Ihre Zapfen sind länglich oval und hängen von den Zweigen. Am Boden liegend nur längliche Fichten-, rundlichen Kiefern- oder klein-rundliche Lärchenzapfen. Die Tannenzapfen dagegen stehen aufrecht wie Christbaumkerzen und fallen nicht vom Baum. Sie öffnen die Schuppen ihrer Zapfen im Januar und lassen die Samen auf den schneebedeckten Boden fallen. Mit dem Einsatz der Schneeschmelze zieht der Samen, gut bewässert, in den Boden und kann keimen.

Der Stamm der Fichte ist meist kerzengerade und wird bis zu 40 Meter hoch. Alleinstehende Fichten gibt es sehr selten, da schon der geringste Sturm sie entwurzeln würde. Denn sie ist ein Flachwurzler und benötigt wenig Platz. Ein bescheidener Nachbar zu den anderen Baumarten. Doch als Flachwurzler hat man so seine Probleme. Gerade in der heutigen Zeit der Erderwärmung und zunehmender Trockenheit. Die Wurzeln erreichen das Wasser nicht mehr, welches der Baum zum Wachsen aber vor allem zur Harzerstellung braucht (siehe Kapitel: Baumharz).

Da sie schnell wächst, steht die Fichte für die Selbsterneuerungskraft der Natur und für die Wiederkehr des Lichtes. Bei den nordischen Völkern war sie dem Licht- und Sonnengott Baldur (Bel) gewidmet. Zu Weihnachten, in der Zeit der langen Nächte, bringt die Fichte und die Tanne das Licht, als Christbaum in die Wohnungen. So war der Christbaum, noch bis vor 50 Jahren, oft eine Fichte. Doch in den überheizten Wohnungen verlor sie schnell ihre Nadeln und wurde deshalb von der Nordmanntanne verdrängt.

Das Holz der Fichte wird für den Holz- und Möbelbau, als Brennstoff sowie in der Papier- und Zellstoffindustrie eingesetzt. Einzelne Fichten haben eine besondere Klangeigenschaften und sind auch für Streichinstrumente begehrt.

Wenn im Frühling die ersten neuen weichen Sprossen an den Zweigen erscheinen, können wir diese sammeln und essen. Sebastian Viellechner, macht daraus Fichtenspitzenpralinen. Auch als Salatbeilgabe kann man sie verwenden, ebenso im uns allen bekannten Fichtennadelbad zur Entspannung.

Und mit dem Fichtenharz wird beim Wastl mit großer Ehrfurcht geräuchert.

Räuchern und vergraben, ein uralter Brauch

Das Harz der Fichte ist ein ausgezeichnetes Räucherwerkzeug. Der Wastl spricht vom „boarischen" Weihrauch. Er vertreibt nicht nur die lästigen Mücken, sondern hat auf den Menschen eine beruhigende Wirkung. Es wurde von allen Völkern mit fast allen getrockneten Pflanzen geräuchert. Für unsere Vorfahren war das Räuchern eine feste Zeremonie, aber auch heute wird wieder mehr und mehr geräuchert. Auf Weihnachtsmärkten und anderen vergleichbaren Veranstaltungen werden Räucherstäbchen, -kerzen und -öle angeboten. Dazu eine CD mit spiritueller Musik oder ein paar Glöckchen. Zuhause sitzt man dann wie Buddha auf dem Boden und versucht zu meditieren. Das ist zwar eine schöne Zeremonie, hat aber wenig mit dem ursprünglichen Ritual der Schamanen zu tun. Diese glaubten, dass der Rauch eine Verbindung zur jenseitigen Welt herstellt, Krankheiten vertreibt und Haus und Hof von bösen Geistern reinigt. Gleichzeitig werden die guten Geister zum Schutz eingeladen.

Rainer Limpöck / Foto: Volker Lesch

Auf dem ersten Blick sieht das recht lächerlich aus! Doch schauen wir mal in unsere Zeit, dann werden wir feststellen, dass auch hier fest geräuchert wird.

In der Katholischen Kirche wird vor der Messe vom Ministranten die Kirche und dann vom Pfarrer noch zusätzlich der Altar mit Weihrauch geräuchert. Warum machen unsere Kirche aber auch andere Religionen dies? Um den Raum zu reinigen? Vor bösen Energien zu schützen? Oder ist es einfach nur so ein Brauch?

Meine gute Freundin Gabi Achorner aus Osttirol räuchert regelmäßig ihr Haus, besonders bei Krankheiten in der Familie. In ländlichen Gebieten ist das nichts Ungewöhnliches. Auch meine Mutter ging am Hl. Abend und am Dreikönigsfest (6. Januar) mit Weihrauch durch unsere Wohnung und betete den Rosenkranz. Der 6. Januar ist der letzte Tag, der Rauchnächte, bei uns als Rauhnächte bekannt. Diese Rauhnächte haben ihren Ursprung bei den Kelten und Germanen.

Ebenso sahen die Indianer in Krankheiten böse Geister, die durch das Rauchen (Tabak) und das Räuchern von Kräutern und Nadeln der Bäume aus dem Körper transportiert wurden.

Auch ich habe das Räuchern wiederentdeckt und der Wastl hat mir gezeigt wie es geht.

Ein bauchiges Marmeladenglas wird zu einem Viertel mit Sand gefüllt, ein Teelicht angezündet und darüber ein Gitternetz gelegt. Auf das Gitternetz kommt dann das Räucherwerk. Ich nehme fest getrocknetes hartes Fichten-, Lärchen- oder Kiefernharz. So habe ich immer den Geruch des Waldes in der Wohnung. Aber auch getrocknete Kräuter können geräuchert werden. Sigrid Thaler, eine Südtiroler Kräuterpädagogin, beschreibt in ihrem Buch Mein Kräuterbüchlein genau, welche Pflanze was bewirkt.

Was wofür geräuchert wird

Brennnessel	Gilt seit der Antike als unheilabwehrend; bei seelischen Problemen (Depressionen); bei aufkommendem Gewitter; Bennnesselsamen als Liebesräucherung
Gänseblümchen	Balsam für die Seele; wenn man von „vertrauter" Seite ausgenutzt wird, wen man ein freundliches Gesicht macht, obwohl man tief verletzt ist
Johanniskraut	Steht symbolisch für Licht und Sonne; hebt die Stimmung; vertreibt Unzufriedenheit und Streit
Löwenzahn	Hilft in dunklen Zeiten, wenn die Sonne fehlt, Seele und Herz zu erwärmen
Schafgarbe	Fördert das visionäre Denken; unsere Ahnen setzten ihren Duft ein, um in die Zukunft zu schauen
Spitzwegerich	Heilt bei seelischem Kummer

Es gibt noch einen anderen Weg, wie wir im Wald unsere bösen Geister und belastenden Gedanken loswerden können. Aus den Westernfilmen kennen wir das Ritual der Indianer, die nach einem Krieg als Zeichen des Vergessens, die Friedenspfeife rauchten und ein Kriegsbeil vergruben.

Der Buchautor und Theologe Valentin Kirschgruber schreibt von der Kraft des Waldes, der unsere Gedanken, Gefühle und Seele reinigt. [25]

Im Wald werden belastende Gedanken (böse Geister) begraben und losgelassen. Ein Brauch der Naturvölker, welchen auch wir übernehmen können. Valentin Kirschgruber schreibt dazu: Als Symbol der Belastung sucht man sich einen Gegenstand, wie z.B. einen Stein, ein Blatt oder einen Zapfen. Dann gräbt man ein kleines Loch in den Waldboden, konzentriert sich anschließend auf den Gegenstand und überträgt in Gedanken seine ganze „Last" auf ihn. Der Gegenstand wird nun in das Loch gelegt und vergraben. Wir haben losgelassen, uns verabschiedet, und unsere Erinnerungen und Sorgen in das Grab gelegt.

Ein ähnlicher Brauch ist in Asien bekannt. Die Menschen dort schreiben Ihre belastenden Gedanken auf einen Zettel und hängen und übergeben sie an einen Baum.

Im Christentum gibt es einen ähnlichen Brauch. In Wallfahrtskirchen hängen oft Tafeln (Votivtafeln) und Bilder als Dank für überwundene Unfälle oder Krankheiten. Eindrucksvoll zu sehen in Altötting oder Maria Eich in Planegg bei München.

---

[25] Buch: Die Magie des Waldes – Valentin Kirschgruber - Kailash Verlag

Wintersonnwende und Rauhnächte

Die Wintersonnwende war bei den Kelten das heiligste Fest. In der längsten Nacht, dem Modraniht, wurde das „Sonnenkind", der spätere Sonnengott geboren. Im Jahr 354 n.Ch. bestimmte Papst Liberius den 24. Dezember zum offiziellen Geburtstag Jesu. Das „Licht der Welt" (die „Sonne der Seele"), geboren von der „Jungfrau" Maria. In unserer heutigen aufgeklärten Zeit fällt es schwer an Marias Jungfräulichkeit zu glauben, und es wird auf einen Übersetzungsfehler der Bibel verwiesen. Es soll richtigerweise „junge Frau" heißen. Doch, es gibt auch eine andere Deutung. Die „Jungfrau" ist Sinnbild unserer Seele. Nur wenn die Seele rein und unbefleckt von Gier, Neid, Missgunst und allen Untugenden ist, kann das „göttliche Kind" empfangen und geboren werden. Deshalb muss Maria eine „Jungfrau" gewesen sein.

Zwölf Tage wurde dieses Fest gefeiert und das Weltenrad stand still. Jetzt begannen auch die Rau(c)hnächte, wo mit Kräutern, Tannen- und Fichtenharz das Haus und den Stall räucherte und somit reinigte. Verkleidet mit furchterregenden Masken, bestückt mit Hörnern, und mit lautem Getöse sollte der Winter vertrieben werden. In manchen Ortschaften sind die Perchtenumzüge, die an dieses Ritual erinnern, noch heute Brauch. Am zwölften Tag begann sich das Weltenrad wieder zu drehen, und es kamen die drei Muttergottheiten Wilbeth, Ambeth, und Worbeth (bei den Christen kommen die Heiligen Drei Könige) um das Sonnenkind, das Jahr und das Haus zu segnen.

Dann bereitete man sich wieder langsam auf das „Neue Jahr" vor. Wer wissen will, wie es im Jahreskreislauf weiter geht, beginnt wieder beim Kapitel „Frühling" mit dem Lesen.

Nachwort

Ich habe mich in diesem Buch bemüht so wenig wie möglich über negative Gegebenheiten zu schreiben. Der Grund liegt im geistigen Gesetz der Resonanz. Dieses Resonanzgesetz sagt, dass ich durch negative Gedanken negative Ereignisse anziehe. Bei positiven Gedanken dementsprechend positive Ereignisse anziehe. Dazu eine Anregung. Nehmen Sie eine Brille und einen schwarzen Filzstift. Für alles, was sie ärgerlich finden, was ungerecht ist oder was Ihrer Meinung nach stört, machen Sie einen schwarzen Punkt auf die Brillengläser. Insektensterben, Massentierhaltung, Pflegenotstand, korrupte Politiker, blöde Nachbarn usw. Dann setzen Sie die Brille auf und Sie sehen durch die Menge der schwarzen Punkte nicht mehr sehr viel. Sie sehen die Welt, im wahrsten Sinne des Wortes, „kleinkariert". Dann nehmen Sie die Brille ab und Sie stellen sich jetzt Ihre schwarzen Punkte so vor, wie der Idealfall wäre. Bienen summen in den Gärten, die Kühe stehen auf der Weide und die Schweinchen haben alle noch ihr Schwänzchen. In den Krankenhäusern haben Pflegepersonal und Ärzte so viel Zeit, wie in den Fernsehserien. Politiker lassen sich nicht von Lobbyisten beeinflussen, stimmen gegen die Verwendung von Glyphosat, und der Nachbar ist doch eigentlich ein ganz netter Mensch. Wenn Sie jetzt die dazugehörigen schwarzen Punkte löschen und die Brille wieder aufsetzen, sehen Sie die Welt viel deutlicher. „Ja, so wäre es schön, dass ist der Idealfall".

Gerade, wo ich dieses Nachwort schreibe, hält die ganze Welt den Atem an. Alle Medien berichten über einen Krankheitserreger und deren Gefährlichkeit. Eine kollektive Angst und Panik werden von den Medien, Virologen und Politikern verbreitet. Doch Furchtlosigkeit, Gelassenheit, Mut, Zuversicht, Liebe und Dankbarkeit wären wohl die besseren Ratgeber. Die Gedanken auf den Idealfall richten. Ich bleibe zuversichtlich. Ich bleibe am Boden. Bleibe der Natur und meiner Mitte treu und stärke mein Immunsystem mit ausgedehnten Waldwanderungen.

Deshalb geht auch ihr hinaus in den Wald und in die Natur. Lauscht den Elfen und Zwergen und erinnert Euch an die Geschichten, die ich hier geschrieben habe. Wie meine Mutter eben sagte: „Geh in den Wald, das ist gesund und bringt Dich auf andere [positive] Gedanken".

Dazu passt das Gedicht „Doktor Wald" von dem Förster Helmut Dagenbach, welches ich im Internet fand.[26]

---

[26] https://wort-und-ideenreich.de/doktor-wald/

Doktor Wald

Wenn ich an Kopfweh leide und Neurosen,
mich unverstanden fühle oder alt,
und mich die holden Musen nicht liebkosen,
dann konsultiere ich den Doktor Wald

Er ist mein Augenarzt und Psychiater,
mein Orthopäde und mein Internist.
Er hilft mir sicher über jeden Kater,
ob er von Kummer oder Cognac ist.

Er hält nicht viel von Pülverchen und Pillen,
doch umso mehr von Luft und Sonnenschein.
Und kaum umfängt mich angenehme Stille,
raunt er mir zu: „Nun atme mal tief ein!"

Ist seine Praxis oft auch überlaufen,
in seiner Obhut läuft man sich gesund.
Und Kreislaufkranke, die noch heute schnaufen,
sind morgen ohne klinischen Befund.

Er bringt uns immer wieder auf die Beine,
das Seelische ins Gleichgewicht,
verhindert Fettansatz und Gallensteine,
nur – Hausbesuche macht er leider nicht.

Keltischer Baumkreis[27]

Baum	von	bis
Apfel	23.12.	01.01.
Tanne	2.1.	11.1.
Ulme	12.1.	24.1.
Zypresse	25.1.	3.2.
Pappel	4.2.	8.2.
Zeder	9.2.	18.2.
Kiefer	19.2.	29.2.
Weide	1.3.	10.3.
Linde	11.3.	20.3.
Eiche	21.3.	
Hasel	22.3.	31.3.
Eberesche	1.4.	10.4.
Ahorn	11.4.	20.4.
Walnuss	21.4.	30.4.
Pappel	1.5.	14.5.
Rosskastanie	15.5.	24.5.
Esche	25.5.	3.6.
Hainbuche	4.6.	13.6.
Feige	14.6.	23.6.
Birke	24.6.	

---

[27] Aus dem Buch: Mensch und Baum von Pfarrer Hermann-Josef Weidinger

Baum	von	bis
Apfel	25.6.	4.7.
Tanne	5.7.	14.7.
Ulme	15.7.	25.7.
Zypresse	26.7.	4.8.
Pappel	5.8.	13.8.
Zeder	14.8.	23.8.
Kiefer	24.8.	2.9.
Weide	3.9.	12.9.
Linde	13.9.	22.9.
Ölbaum	23.9.	
Hasel	24.9.	3.10.
Eberesche	4.10.	13.10.
Ahorn	14.10.	23.10.
Walnuss	24.10.	11.11.
Rosskastanie	12.11.	21.11.
Esche	22.11.	1.12.
Hainbuche	2.12.	11.12.
Feige	12.12.	21.12.
Buche	22.12.	

Sammeln und Verwendung der Pflanzen

Sammeltipps:

! Nur Pflanzen sammeln, die man hundertprozentig kennt !

- Nach 1-2 regenfreien Tagen
- Zwischen 10 und 16 Uhr
- Gesunde und saubere Pflanzenteile
- Gefäße: Körbchen, Stofftaschen oder Papiertütchen
- Nur so viel sammeln, wie man wirklich benötigt

! Nicht Sammeln !

- neben Straßen,
- wo Hunde Gassi gehen,
- Flächen, die landwirtschaftlich intensiv genutzt werden
- Neben Eisenbahngleisen

Trocknen:

- nicht waschen
- in dunklen, trockenen Räumen
- nicht in der prallen Sonne

Lagerung:

- Schutz vor Luftfeuchtigkeit
- Dunkle Gläser, Holzkästchen, Porzellandosen

Frühling

Bärlauch

Sammelzeit: März bis April

Sammelgut: Blätter (frisch), Blüten

Anwendung:

- wie Schnittlauch auf dem Butterbrot
- Zugabe im Salat
- wie Spinat
- Pesto

Löwenzahn

Sammelzeit: Ab April

Sammelgut: Blätter, Blüten, geschlossene Blüten, Stängel

Anwendung:

- Salat Beigabe
- Blüten auf dem Käse- oder Butterbrot
- geschlossene Blüten einlegen wie Kapern

Gänseblümchen

Sammelzeit: Ab April

Sammelgut: Blüten

Anwendung:

- wie Schnittlauch auf dem Butterbrot
- Zugabe im Salat
- Getrocknet als Teespülung

Huflattich

Sammelzeit: Ab Ende März

Sammelgut: Blüten, Blätter

Anwendung:

- Getrocknete Blüten als Teespülung (hautreinigend)
- Blätter als Zugabe im Salat

Birke – Buche

Sammelzeit: März - Mai

Sammelgut: junge Blätter

Anwendung:

- Blätter als Zugabe im Salat

Fichte

Sammelzeit: März - Mai

Sammelgut: junge hellgrünen Sprossen

Anwendung:

- Zugabe im Honig
- Fichtenspitzenpralinen

Rezept: Fichtenspitzenpralinen

Zutaten: Maitriebe der Fichte, bittere, kakaoreiche Schokolade.

Zubereitung:

Schokolade im Wasserbad schmelzen. Langsam die Fichtenspitzen in die Schokomasse eintauchen und zum Trocknen auf ein Butterbrotpapier legen

---

Brennnessel

Sammelzeit: Ab April

Sammelgut: junge Blätter, Samen (Herbst)

Anwendung:

- Blätter als Salat Beigabe
- Frische oder getrocknete Blätter als Tee
- Getrocknete Samen als Gewürz (wie Pfeffer)

Sommer

Das Johanniskraut.

Sammelzeit: Ab Juni

Sammelgut: Knospen und Blüten

Anwendung:

- Getrocknet zum Räuchern
- Öl zum Einreiben und Pflegen

Zubereitung: Johanniskrautöl (Rotöl)

Ein Glas bis zu einem Drittel mit Blüten und Knospen füllen, mit Olivenöl übergießen und ca. 4 bis 6 Wochen in die Sonne stellen. Dann abfüllen und kühl und dunkel lagern.

Die Schafgarbe

Sammelzeit: Ab Juni

Sammelgut: Blätter und Blüten

Anwendung:

- Getrocknet zum Räuchern und als Tee
- Öl zum Einreiben und Pflegen

Spitzwegerich

Sammelzeit: Ab Mai

Sammelgut: Blätter und Blütenknospen

Anwendung:

- Knospen roh gegessen wirken wie Flohsamen
- Frische Blätter in kaltem Wasser zum Trinken
- Als Spitzwegerich-Honig

Zubereitung: Spitzwegerich-Honig

Eine Hand voll Blätter klein schneiden und in ein Glas geben. Wer will kann noch Frische Fichtenspitzen und Gänseblümchenblüten dazu geben. Flüssigen Bio-Honig darüber gießen. Glas verschließen und 2 Monate im Kühlschrank ziehen lassen. Dann in ein frisches Glas ab seien. Fertig.

Linde

Sammelzeit: Frühling Sommer

Sammelgut: Blätter und Blüten

Anwendung:

- Junge Blätter als Salat Beigabe
- Getrocknete Blüten als Tee

Service

Zum Weiterlesen

Literaturverzeichnis:

Sebastian Viellechner: Kräuterwastls Weg und Kräuterwastls Erkenntnis-Schatz, Frischluft Verlag

Wolf-Dieter Storl: Die alte Göttin und ihre Pflanzen, Kailash Verlag; Von Heilkräutern und Pflanzengottheiten, Aurum Verlag; Pflanzen der Kelten, AT Verlag; Pflanzendevas, AT Verlag

Christine Storl: Unsere grüne Kraft, GU Verlag

Clemens G. Arvay: Der Biophilia Effekt; Biophilia in der Stadt; Der Heilungscode der Natur, Goldmann Verlag,

Erwin Thoma /Maximilian Moser: Die sanfte Medizin der Bäume, Servus Verlag:

Peter Wohlleben: Das geheime Leben der Bäume, Ludwig Verlag

Valentin Kirschgruber: Die Magie des Waldes, Kailash Verlag

Sigrid Thaler: Mein Kräuterbüchlein

Masaru Emoto: Die Antwort des Wassers Teil 1 und 2, Koha-Verlag

Wolfgang Schreil: Zurück zur Natur, BLV Verlag

Hermann-Josef Weidinger: Mensch und Baum, Kosmos Verlag

Die Benutzung dieses Buches und die Umsetzung der darin enthaltenen Informationen erfolgt ausdrücklich auf eigenes Risiko. Der Verlag und auch der Autor können für etwaige Unfälle und Schäden aller Art, die sich beim Besuch von in diesem Buch aufgeführten Orten ergeben (z.b. aufgrund fehlender Sicherheitshinweise), aus keinem Rechtsgrund eine Haftung übernehmen. Rechts-- und Schadenersatzansprüche sind ausgeschlossen. Das Werk inklusive aller Inhalte wurde unter größter Sorgfalt erarbeitet. Dennoch können Druckfehler und Falschinformationen nicht vollständig ausgeschlossen werden. Der Verlag und auch der Autor übernehmen keine Haftung für die Aktualität, Richtigkeit und Vollständigkeit der Inhalte des Buches, ebenso nicht für Druckfehler. Es kann keine juristische Verantwortung sowie Haftung in irgendeiner Form für fehlerhafte Angaben und daraus entstandenen Folgen vom Verlag bzw. Autor übernommen werden.

Bildnachweis:

Alle Fotos und Zeichnungen stammen von Edwin Bude

Ausnahmen:

Volker Lesch: Seite 71, 143

Wikipedia /gemeinfrei: Seite 61, 73, 92, 93, 94, 106, 119, 124, 128

Masaru Emoto: Seite 101

Edwin Bude

geboren 1956 in Rosenheim, ist Bergsteiger, Kameramann, Dokumentar- und Naturfilmer und beschäftigt sich seit Jahren intensiv mit dem Wald und deren Geheimnissen. Im Bezirksausschuss München-Hadern ist er Sprecher der Baumschutz-Kommission

Ganz besonders möchte ich mich bei Frau Christine Miller für ihre Unterstützung bedanken.

Danke auch an Franziska Kern, Andrea Becker, Bettina Geitner; Gabi Achorner, Andreas Bude, Sebastian Viellechner, Volker Lesch, Rainer Limpöck, Kurt Tepperwein, Nada Breitenbach, Dieter Müller und Cornelius von der Heyden für Eure Hilfe.

Eigenen Notizen

Druck:
Customized Business Services GmbH
im Auftrag der
KNV Zeitfracht GmbH
Ein Unternehmen der Zeitfracht - Gruppe
Ferdinand-Jühlke-Str. 7
99095 Erfurt